M^R D'HEMERY

AF555338

LETTRE PHILOSOPHIQUE,

PAR Mr. DE V***,

AVEC

PLUSIEURS PIÉCES

GALANTES ET NOUVELLES

DE DIFFÉRENS AUTEURS.

A PARIS,
Aux dépens de la Compagnie.

M. DCC. XLVII.

LETTRE PHILOSOPHIQUE,

PAR Mr. DE V***.

LETTRE SUR L'AME.

ONSIEUR,

Il faut que je l'avouë, lorſque j'ai examiné l'infaillible Ariſtote, le Docteur évangélique, le divin Platon, j'ai pris toutes ces épithétes pour des ſobriquets. Je n'ai vû dans tous les Philoſophes qui ont parlé de l'ame humaine, que des aveugles pleins de témérité & de babil, qui s'efforcent de perſuader qu'ils ont une vûë d'aigle, & d'autres curieux & fols qui les croyent ſur leur parole, & qui s'imaginent auſſi de voir quelque choſe.

Je ne feindrai point de mettre au rang de ces maîtres d'erreur, Deſcartes & Mallebranche. Le premier nous aſſûre que l'ame de l'homme eſt une ſubſtance, dont l'eſſence eſt de penſer, qui penſe toûjours, & qui s'occupe dans le ventre de la mere de belles idées métaphiſiques, & de beaux axiomes généraux qu'elle oublie enſuite.

Pour le P. Mallebranche, il eſt bien perſuadé que nous voyons tout en Dieu; il a trouvé des partiſans, parce que les fables les plus hardies ſont celles qui ſont les mieux reçûës de la foible imagination des hommes.

Plusieurs Philosophes ont donc fait le Roman de l'ame ; enfin c'est un usage qui en a écrit modestement l'histoire. Je vais faire l'abrégé de cette histoire, selon que je l'ai conçûë. Je sais fort bien que tout le monde ne conviendra pas des idées de Mr. Lock : Il se pourroit bien faire que Mr. Lock eût raison contre Descartes & Mallebranche, & qu'il eût tort contre la Sorbonne ; je parle selon les lumiéres de la Philosophie, non selon les révélations de la foi.

Il ne m'appartient que de penser humainement : les Théologiens décident divinement, c'est toute autre chose. La raison & la foi sont de nature contraire : en un mot, voici un petit précis de Mr. Lock, que je censurerois, si j'étois Théologien, & que j'adopte pour un moment, comme hipothèse, comme conjecture de simple Philosophie : humainement parlant, il s'agit de ſavoir ce que c'eſt que l'ame.

1°. Le mot d'ame eſt de ces mots que chacun prononce ſans l'entendre : nous n'entendons que les choſes dont nous avons une idée ; nous n'avons point d'idée d'ame, d'eſprit ; donc nous ne l'entendons point.

2°. Il nous a donc plû d'appeller cette faculté de ſentir & de penſer, comme nous appellons, vie, la faculté de vivre ; & volonté, la faculté de vouloir.

Des raiſonneurs ſont venus enſuite, & ont dit : l'homme eſt compoſé de matiére & d'eſprit : la matiére eſt étenduë & diviſible ; l'eſprit n'eſt ni étendu ni diviſible ; donc il eſt, diſent-ils, d'une autre nature. C'eſt un aſſemblage d'êtres qui ne ſont point faits l'un pour l'autre, & que Dieu unit malgré leur nature. Nous voyons peu le corps, nous ne voyons point l'ame ; elle n'a point de parties, donc elle eſt éternelle : elle a des idées pures & ſpirituelles, donc elle ne les reçoit point de la matiére : elle ne les reçoit point non plus d'elle-même, donc Dieu les lui donne; donc elle apporte en naiſſant les idées de Dieu, de l'infini & de toutes les idées générales.

Toûjours humainement parlant, je répons à ces Meſſieurs qu'ils ſont bien ſavans. Ils nous diſent d'abord qu'il y a une ame, & puis ce que ce doit être. Ils prononcent le nom de matiére, & décident enſuite nettement ce qu'elle eſt; & moi je leur dis, vous ne connoiſſez ni l'eſprit ni la matiére : par l'eſprit, vous ne pouvez imaginer que la faculté de penſer; par la matiére, vous ne pouvez entendre qu'un certain aſſemblage de qualités, de couleurs, d'étenduës, de ſolidités, & il vous a plû d'appeller cela matiére; & vous avez aſſigné les limites de la matiére & de l'ame, avant d'être ſûrs ſeulement de l'exiſtence de l'une & de l'autre.

Quant à la matiére, vous enſeignez gravement, qu'il n'y a en elle que l'étenduë & la ſolidité ; & moi je vous dis modeſtement, qu'elle eſt capable de mille propriétés que ni vous ni moi ne connoiſſons pas. Vous dites que l'ame eſt indiviſible, éternelle, & vous ſuppoſez ce qui eſt en queſtion. Vous êtes à peu près comme un Régent de Collége, qui n'ayant vû d'horloge de ſa vie, auroit tout d'un coup entre ſes mains une montre d'Angleterre à répétition. Cet homme, bon Péripatéticien, eſt frappé de la juſteſſe avec laquelle les éguilles diviſent & marquent les tems, & encore plus étonné qu'un bouton, pouſſé par le doigt, ſonne préciſément l'heure que l'éguille marque. Mon Philoſophe ne manque pas de prouver, qu'il y a dans cette machine une ame qui la gouverne, & qui en mene les reſſorts. Il démontre ſavanment ſon opinion par la comparaiſon des Anges, qui font aller les ſphéres céleſtes ; & il fait ſoûtenir dans ſa claſſe de belles thèſes ſur l'ame des montres. Un de ſes écoliers ouvre la montre ; on n'y voit que des reſſorts, & cependant on ſoûtient toûjours le ſiſtême de l'ame des montres, qui paſſe pour démontré. Je ſuis cet écolier ouvrant la montre, que l'on appelle l'homme, & qui au lieu de définir hardiment ce que nous n'entendons point, tâche d'examiner par dégrés ce que nous voulons connoître.

Prenons un enfant à l'inſtant de ſa naiſſance, & ſuivons pas à pas le progrès de ſon entendement. Vous me faites l'honneur de m'apprendre que Dieu a pris la peine de créer une ame pour aller loger dans ce corps, lorſqu'il a environ ſix ſemaines ; que cette ame à ſon arrivée eſt pourvûë des idées métaphiſiques ; connoiſſant donc l'eſprit, les idées abſtraites, l'infini fort clairement; étant, en un mot, une très-ſervante perſonne. Mais malheureuſement elle ſort de l'uterus avec une ignorance craſſe; elle a paſſé 18. mois à ne connoître que le teton de ſa Nourrice; & lorſqu'à l'âge de vingt ans on veut faire reſſouvenir cette ame de toutes les idées ſcientifiques qu'elle avoit quand elle s'eſt unie à ſon corps, elle eſt ſouvent ſi bouchée, qu'elle n'en peut concevoir aucune. Il y a des peuples entiers qui n'ont jamais eu une ſeule de ces idées. En vérité, à quoi penſoit l'ame de Deſcartes & de Mallebranche, quand elle imagina de telles réveries? ſuivons donc l'idée du petit enfant, ſans nous arrêter aux imaginations des Philoſophes.

Le jour que ſa mere eſt accouchée de lui & de ſon ame, il eſt né un chien dans la maiſon, un chat & un ſerin. Au bout de 18. mois, je fais du chien un excellent chaſſeur, le chat, au bout de ſix ſemaines, fait déja tous ſes tours, & l'enfant, au bout de quatre ans, ne ſait rien. Moi, homme groſſier, témoin de cette prodigieuſe différence, & qui n'ai jamais vû d'enfant, je crois d'abord que le chat, le chien & le ſerin ſont des créatures très-intelligentes, & que le petit enfant eſt un automate; cependant petit à petit je m'apperçois que cet enfant a des idées, de la mémoire, qu'il a les mêmes paſſions que ces animaux; & alors j'avouë qu'il eſt comme eux une créature raiſonnable. Il me communique différentes idées par quelques paroles qu'il a appriſes, de même que mon chien par des cris diverſifiés me fait exactement connoître ſes divers beſoins. J'apperçois qu'à l'âge de ſix ou ſept ans, l'enfant combine dans ſon petit cerveau preſqu'autant d'idées que mon chien de chaſſe dans le ſien; enfin, il atteint avec l'âge un nombre infini de connoiſſances. Alors que dois-je penſer de lui ? irai-je croire qu'il eſt d'une nature tout-à-fait différente ? Non, ſans doute ; car vous voyez d'un côté un imbécile, de l'autre un Newton ; vous prétendez qu'ils ſont pourtant d'une même nature, & qu'il n'y a de la différence que du plus au moins. Pour mieux m'aſſûrer de la vrai-ſemblance de mon opinion probable, j'examine mon chien & mon enfant pendant leur veille & leur ſommeil. Je les fais ſaigner l'un & l'autre outre meſure ; alors leurs idées ſemblent s'écouler avec le ſang. Dans cet état je les appelle ; ils ne me répondent plus ; & ſi je leur tire encore quelques poëllettes, mes deux machines, qui avoient auparavant des idées en très-grand nombre, & des paſſions de toute eſpéce, n'ont plus aucun ſentiment. J'examine enſuite mes deux animaux pendant qu'ils dorment ; je m'apperçois que le chien, après avoir trop mangé, a des réves ; il chaſſe, il crie après la proie. Mon jeune enfanté tant dans le même état, parle à ſa maîtreſſe, & fait l'amour en ſonge : ſi l'un & l'autre ont mangé modérément, ni l'un ni l'autre ne réve ; enfin, je vois que leur faculté de ſentir, d'appercevoir, d'exprimer leurs idées, s'eſt dévelopée en eux petit à petit, & s'affoiblit auſſi par dégrés. J'apperçois en eux plus de rapports cent fois que je n'en trouve entre tel homme d'eſprit & tel homme abſolument imbécile. Quelle eſt donc l'opinion que j'aurai de leur nature ? Celle que tous les peuples ont imaginé d'abord avant que la politique Egyptienne imaginât la ſpiritualité, l'immortalité de l'ame. Je ſoupçonnerai même avec bien de l'apparence, qu'Archiméde & une taupe ſont de la même eſpéce, quoique d'un genre différent, de même qu'un chêne & un grain de moutarde ſont formés par les mêmes principes, quoique l'un ſoit un grand ardre, & l'autre une petite plante. Je penſerai que Dieu a donné des portions d'intelligence à des portions de matiére organiſée pour penſer : je croirai que la matiére a des ſenſations à proportion de la fineſſe de ſes ſens ; que ce ſont eux qui les proportionnent à la meſure de nos idées ; je croirai que l'huître à l'écaille a moins de ſenſations & de ſens, parce qu'ayant l'ame attachée à ſon écaille, cinq ſens lui ſeroient inutiles. Il y a beaucoup d'animaux qui n'ont que deux ſens ; nous en avons cinq, ce qui eſt bien peu de choſe ; il eſt à croire qu'il eſt dans d'autres mondes d'autres animaux, qui joüiſſent de vingt ou trente ſens, & que d'autres eſpéces encore plus parfaites, ont des ſens à l'infini.

Il me paroît que voilà la maniére la plus naturelle d'en raiſonner, c'eſt-à-dire, de deviner & de soupçonner certainement. Il s'est passé bien du tems avant que les hommes ayent été assez ingénieux pour imaginer un être inconnu, qui est nous, qui fait tout en nous, qui n'est pas tout-à-fait nous, & qui vit après nous. Aussi n'est-on venu que par dégrés à concevoir une idée si hardie. D'abord ce mot *ame* a signifié la vie, & a été commun pour nous & pour les autres animaux. Ensuite notre orgueil nous a fait une ame à part, & nous a fait imaginer une forme substantielle pour les autres créatures. Cet orgueil humain demande ce que c'est donc que ce pouvoir d'appercevoir & sentir, qu'il appelle *ame* dans l'homme, & *instinct* dans la brute. Je satisferai à cette question, quand les humanités m'auront appris ce que c'est que le *son*, la *lumiére*, l'*espace*, le *corps*, le *tems* : je dirai dans l'esprit du sage Mr. Lock, la Philosophie consiste à s'arrêter, quand le flambeau de la Phisique nous manque. J'observe les effets de la nature; mais je vous avouë que je n'en conçois pas plus que vous les premiers principes : tout ce que je sais, c'est que je ne dois pas attribuer à plusieurs causes, sur-tout à des causes inconnuës, ce que je puis attribuer à une cause connuë; or, je puis attribuer à mon corps la faculté de penser & de sentir; donc je ne dois pas chercher cette faculté de penser & de sentir dans une autre appellée *ame* ou *esprit*, dont je ne puis avoir la moindre idée. Vous vous recriez à cette proposition; vous trouvez donc de l'irréligion à oser dire que le corps peut penser? Mais que diriez-vous, répondroit Mr. Lock, si c'est vous-même qui êtes ici coupable d'irréligion, vous qui osez borner la puissance de Dieu? Quel est l'homme sur la terre qui peut assûrer, sans une impiété absurde, qu'il est impossible

poſſible à Dieu de donner à la matiére le ſentiment & le penſer ? Foibles & hardis que vous êtes, vous avancez que la matiére ne penſe point, parce que vous ne concevez pas qu'une matiére, telle qu'elle ſoit, penſe.

Grands Philoſophes, qui décidez du pouvoir de Dieu, & qui dites que Dieu peut d'une pierre faire un Ange, ne voyez-vous pas que, ſelon vous-mêmes, Dieu ne feroit, en ce cas, que donner à une pierre la puiſſance de penſer; car ſi la matiére de la pierre ne reſtoit pas, ce ne ſeroit plus une pierre, ce ſeroit une pierre anéantie, & un Ange créé ? De quelque côté que vous vous tourniez, vous êtes forcés d'avoüer deux choſes, votre ignorance & la puiſſance immenſe du Créateur; votre ignorance qui ſe revolte, la matiére penſante, & la puiſſance du Créateur, à qui certes cela n'eſt pas impoſſible.

Vous, qui ſavez que la matiére ne périt pas, vous conteſterez à Dieu le pouvoir de conſerver dans cette matiére la plus belle qualité dont il l'avoit ornée. L'étenduë ſubſiſte bien ſans corps par lui, puiſqu'il y a des Philoſophes qui croyent le vuide; les accidens ſubſiſtent bien ſans la ſubſtance parmi les Chrétiens qui croyent la tranſubſtantiation. Dieu, dites-vous, ne peut pas faire ce qui implique contradiction. Il faudroit en ſavoir plus que vous n'en ſavez : vous avez beau faire, vous ne ſaurez jamais autre choſe, ſinon que vous êtes corps, & que vous penſez. Bien de gens qui ont appris dans l'école à ne douter de rien, qui prennent leurs ſillogiſmes pour des oracles, & leurs ſuperſtitions pour la Réligion, regardent Mr. Lock comme un impie dangereux : ces ſuperſtitieux ſont dans la ſociété ce que les poltrons ſont dans une armée : ils ont & donnent des terreurs paniques, il faut avoir la pitié de diſſiper leur crainte ; il faut qu'ils ſachent que ce ne ſeront pas les ſentimens des Philoſophes qui feront jamais tort à la Réligion. Il eſt aſſûré que la lumiére vient du ſoleil, & que les planettes tournent autour de cet aſtre : on ne lit pas avec moins d'édification dans la Bible, que la lumiére a été faite avant le ſoleil, & que le ſoleil s'eſt arrêté ſur le village de Gabaon : il eſt démontré que l'arc-en-ciel eſt formé néceſſairement par la pluie ; on n'en reſpecte pas moins le Texte ſacré, qui dit, que Dieu poſa ſon arc dans les nuës, après le déluge, en ſigne qu'il n'y auroit plus d'inondation.

Le Miſtére de la Trinité & celui de l'Euchariſtie ont beau être contradictoires aux démonſtations connuës, ils n'en ſont pas moins révérés chez les Philoſophes Catholiques, qui ſavent que les choſes de la raiſon & de la foi ſont de différente nature. La nation des Antipodes a été condamnée par les Papes & les Conciles, & les Papes ont découvert les Antipodes, & y ont porté cette même Réligion Chrétienne, dont on croyoit la deſtruction ſûre, en cas qu'on pût trouver un homme, qui, comme on parloit alors, auroit la tête en bas & les pieds en haut par rapport à nous, & qui, comme dit le très-peu Philoſophe S. Auguſtin, ſeroit tombé du Ciel.

Jamais les Philoſophes ne feront tort à la Réligion dominante d'un Pays : pourquoi ? c'eſt qu'ils ſont ſans entouſiaſme, & qu'ils n'écrivent point pour le peuple. Diviſez le genre humain en vingt parties, il y en a dix-neuf compoſées de ceux qui travaillent de leurs mains, & qui ne ſauront jamais s'il y a un Lock au monde. Dans la vingtiéme partie qui reſte, combien trouve-t'on peu d'hommes qui liſent ? il y en a vingt qui liſent les Romans contre un qui étudie la Philoſophie. Le nombre de ceux qui penſent, eſt extrêmement petit, & ceux-là ne s'aviſent pas de troubler le monde. Ce n'eſt ni Montaigne, ni Lock, ni Bayle, ni Spinoſa, ni Hobes, ni Strambourg, ni Colins, ni Zéland, &c. qui ont porté le flambeau de la diſcorde dans leur patrie ; ce ſont la plûpart des Théologiens, qui ayant eu d'abord l'ambition d'être chefs de ſecte, ont eu bientôt celle d'être chefs de Parti. Que dis-je, tous les livres des Philoſophes modernes, mis enſemble, ne feront jamais dans le monde autant de bruit ſeulement qu'en fit autrefois la diſpute des Cordéliers ſur la forme de leurs manches & de leurs capuchons.

Au reſte, je vous repéte encore, qu'en écrivant avec liberté, je ne me rends garant d'aucune opinion ; je ne ſuis reſponſable de rien. Il y a, peut-être, parmi ces ſonges des raiſonnemens, & même quelques réveries auſquelles je donnerois la préférence ; mais il n'y en a aucune que je ne ſacrifiaſſe tout d'un coup à la Réligion & à la Patrie.

LES ADIEUX

DE Mr. DE V***.

A MADAME DU CHÂTELET.

ADIEU, belle Emilie, (*a*)
En Pruſſe je m'en vas
Etaler ma folie,
Et promener mes rats ;
Dans cette Cour polie,
On connoît mieux le prix
De nos beaux eſprits.

Paris qui m'a vû naître,
Me laiſſe ſans éclat, (*b*)
Et ma manie eſt d'être
Un Miniſtre d'Etat,

(*a*) Madame la Marquiſe du Châtelet.

(*b*) Voyez les Lettres Philoſophiques & le Temple du goût, où Voltaire ne ceſſe de parler des honneurs rendus en Angleterre aux gens de Lettres. Voyez auſſi la Préface de Zaïre.

Des Finances le maître,
Au moins Ambaſſadeur
Comme feu Prieur. (*c*)

Adieu, mauvais Poëte, (*d*)
Jamais las du ſifflet,
Qu'à ſaint Lazare on foüette,
Chaſſé du Châtelet;
Adieu l'homme à courbette,
Tant fripon, tant battu,
Et de plus cocu.

Adieu toi, vilain Prêtre, (*e*)
Tiré, par mon crédit,
Du Château de Bicêtre,
Pour le péché maudit
Qui fit brûler ton Maître,
Soin honteux que j'ai pris
D'un Fripier d'Ecrits.

(*c*) Mr. le Prieur Anglois, homme d'eſprit & de mérite, a été Ambaſſadeur pour l'Angleterre.

(*d*) Roy, qui a été enfermé à S. Lazare pour ſon Coche, piéce ſatirique contre l'Académie Françoiſe; il eut ordre de ſe défaire de ſa charge de Conſeiller au Châtelet.

(*e*) L'Abbé Desfontaines: il n'a jamais compoſé d'ouvrages; il ne fait que rapetacer ceux des autres & les défigurer. Voyez ſon Apologie faite par lui-même.

Sur la sélette dure
Où siégea Deschauffour,
Quand en humble posture,
Tu parus l'autre jour, (*f*)
Craignois-tu la brûlure ?
Oüi, jamais on ne vit
Coquin plus petit.

Thieriot pauvre haire,
Adieu, Juré crieur,
Tu fus en Angleterre
Mon digne Ambassadeur: (*g*)
Prône plûtôt la Serre,
Que les vers de tes deux fats
Et de ton Midas.

Pour quelque rime fade,
Bernard, (*h*) que tu forgeas,
Tu crois que l'Iliade

(*f*) Il s'agit du jugement qu'il a subi pour le discours mordant qu'il a fait au nom de l'Abbé Seguy.

(*g*) Thieriot a été quelque-tems chargé des affaires de Voltaire à Londres; c'est son ami intime, & est dans la confidence de tous ses ouvrages, c'est ce qui le fait appeller, *Auteur consultant.*

(*h*) Bernard, Sécrétaire du Maréchal de Coigny, a fait une Epître à la Sallé, qui est une Tribade, dont il est le Céladon, c'est-à-dire, l'Amoureux *Virtuoso.*

Te doit céder le pas ;
Céladon de Tribade,
Dis, Monſieur l'Ecrivain,
Qui te rend ſi vain?

Si je quitte la Pruſſe
Chaſſé par le bâton,
Je fuirai chez le Ruſſe
Prêcher Lock & Newton,
Ou porter mon prépuce
Au Révérend Mufty
Comme Macarty. (*i*)

Adieu, belle Emilie,
Objet de mes plaiſirs,
Par la Philoſophie
Amuſe tes déſirs,
Ou bien ſuis-moi, ma mie,
Un Milord de mon nom
Vaut bien un Kinſton. (*k*)

(*i*) L'Abbé Macarty, fils d'un Irlandois, paſſa, il y a quatre ans, en Turquie avec le Chevalier de Mornaye & de Ramſay : ils avoient emprunté chacun 6000. livres à Samuël Bernard, ſous prétexte d'acheter une Lieutenance aux Gardes.

(*k*) Voltaire avoit pris le nom de Milord, étant logé à Rouen chez Jorre, Libraire, qui a imprimé les Lettres Philoſophiques.

Maupertuis ce Carême (*l*)
Doit revenir, dit-on;
Il me dicta le théme
Que j'ai fait ſur Newton,
Tu ſauras le ſiſtéme
Des meules de moulin
De ce Calotin.

Ne crains pas qu'on le drape;
Pour voir le Cavalier,
Sa mine eſt une attrape,
Le brave à Montpellier
De ce qui fait le Pape,
Autrefois a voulu
Etre raſibu. (*m*)

Adieu, chere Emilie,
Parce que je m'en vas;
N'abrége point ta vie
Avec la mort aux rats: (*n*)

(*l*) Maupertuis, de l'Académie des Sciences, eſt un homme de mérite; mais admirateur outré des Anglois. Il a imprimé que les aſtres étoient ſemblables à des meules de moulin.

(*m*) Maupertuis ayant une indiſpoſition galante, alla à Montpellier, où il voulut engager les Chirurgiens à le mutiler.

(*n*) Alluſion à ce que Madame du Châtelet a pris autrefois de l'opium dans un déſeſpoir amoureux.

Conſole-toi, ma mie,
Aux petites Maiſons
Nous nous reverrons.

AUTRE PIÉCE.

ON dit que l'Abbé Terraſſon,
De Law & de la Mothe apôtre,
Va du Bordel à l'Hélicon,
N'étant fait pour l'un ni pour l'autre.
Pour avoir un léger prurit,
Il ſe fait chatoüiller la feſſe,
Manon foüette, il la careſſe;
Mais il bande comme il écrit.
Un jour dans la cérémonie,
On l'étrilloit, il frétilloit,
Notre Putain ſe travailloit
Deſſus ſa feſſe racornie:
Entre Monſieur l'Abbé Dubos,
Qui voyant feſſer ſon Confrere,
Dit tout haut, approuvant l'affaire,
Frappez fort, il a fait *Setbos*.

LE DÉBAUCHÉ CONVERTI,

Par Mr. Robbé de Beauveſet.

PUISSANT Médiateur entre nous & la femme,
Qui du plaiſir ſecret nous ourdiſſez la trame,
Des feux de Prométhée ardent diſpenſateur,
Et de la gent humaine éternel Créateur ;
Portaſſiez-vous encore un plus ſuperbe tître,
Du bonheur de mes jours vous n'êtes plus l'arbître :
Ce plaiſir violent, dont je fus enchanté,
D'un tourment de ſix mois eſt trop cher acheté.
Qu'un autre que moi coure après ce vain fantôme,
J'en connois le néant, grace à Monſieur ſaint Côme ;
Et ſes ſacrés rechaux ſont l'utile creuſet
Où l'or faux du plaiſir m'a paru tel qu'il eſt.
J'ai ruminé ces maux que ſur ſon lit endure
Un pauvre putacier tout frotté de mercure ;
Des conduits ſaliviers, quand les pores ouverts

Du virus repoussé filtrent les globes verts ;
Quand sa langue nageant dans les flots de salive,
Semble un canal impur qui coule une lescive.
Ah ! que sur son grabat se voyant enchaîné,
Un Ribaud voudroit bien n'avoir pas dégaîné ;
Qu'il déteste l'instant où sa pompe aspirante
Tira le suc mortel de sa cruelle amante.
L'œil cave, le front ceint du fatal chapelet,
Le teint pâle & plombé, le visage défait,
Les membres décharnés, une jouë allongée,
Sa planette atteignant son plus bas périgée ;
Alors avec David il prononce ces mots :
La vérole, mon Dieu, m'a criblé jusqu'aux os.
Car par *malum*, David entend l'humeur impure
Qu'il prit d'Abigaïl, comme je conjecture,
D'autant que cette femme, épouse de Nabal,
De son mari pouvoit avoir gagné ce mal.
Ce Nabal, en effet, est peint au saint Volume
Tel qu'un compagnon propre au poil comme à la plume ;
Et qui, quand il trouvoit fille de bonne humeur,

De ſes bubons enflés mépriſant la tumeur,
Lui faiſoit ſur le dos faire la caracole,
Eût-il été certain de gagner la vérole.
Auſſi je ſuis ſurpris que David ce grand clerc,
Au fait d'Abigaïl, ait pû voir ſi peu clair:
Certes beſoin n'étoit d'être ſi grand Prophéte
Ni d'avoir ſur ſon nez la divine lunette,
Pour voir que de Nabal tout le ſang corrompu,
Ayant poivré le flanc qui s'en étoit repu,
C'étoit néceſſité que ſon hardi Priape
Eût la dent agacée en mordant à la grape.
Mais, quoi! vit-on jamais raiſonner un paillard?
Il prit, les yeux fermés, ce petit mal gaillard,
Dont quelque-tems après ſa flamberge en furie
Enticha le vagin de la femme d'Urie.
De mes ébats auſſi j'ai tiré l'uſufruit;
Mais grace au vif argent mon virus eſt détruit;
Mon ſang purifié coule libre en mes veines,
Et deux globes malins ne gonflent plus mes aînes;
Du trône du plaiſir les parois reſſerrés,

Ne laiſſent plus couler mille ſucs égarés ;
Et ce moine vélu que le prépuce en froque,
De trois rubis rongeurs voit dérougir ſa toque.
Triſte & funeſte coup ! pouvois-je le prévoir,
Qu'une fille ſi jeune eût pû me décevoir ?
Deux luſtres & demi, qu'un an à peine augmente,
Voyoient bondir les monts de ſa gorge naiſſante ;
Un cuir blanc & poli, mais élaſtique & dur,
Tapiſſoit le contour de ſon jeune fémur ;
A peine un noir duvet de ſa mouſſe légére,
Couvroit l'antre ſacré que tout mortel révére ;
Les couleurs de l'aurore éclatoient ſur ſon tein,
Elle auroit fait hennir le vieux Moufti Latin;
Un front, dont la douceur à la fierté s'allie,
La firent à mes yeux plus vierge qu'Eulalie :
Auſſi combien d'aſſauts fallut-il ſoûtenir,
Avant que d'en pouvoir à mon honneur venir ?
A mon honneur ! je faux, diſons mieux, à ma honte :

Après

Après deux mois d'égards, de ſoupirs, je la
monte.
Dieux! quelle volupté, quand ſur elle étendu
Je preſſurois le jus de ce fruit défendu!
Sa gaîne aſſez profonde, en revenche peu
large,
Entre elle & mon acier ne laiſſoit point de
marge;
Le piſton à la main, trois fois mon Jean
choüard
Dans ſes canaux ouverts ſeringua ſon nectar,
Et trois fois la pucelle avec reconnoiſſance
Voitura dans mon ſang ſa vérolique eſſence.
Mais, quoi! ma paſſion s'enflamme à ce récit,
De mes tendons moteurs le tiſſu s'étrécit;
Mes eſprits dans mes nerfs précipitent leur
courſe,
Et de la volupté courent ouvrir la ſource.
Quoi donc! irois-je en proie à de vils in-
teſtins
De mes os ébranlés empirer les deſtins?
Irois-je ſur ces mers fameuſes en naufrages,
Nautonnier imprudent affronter les orages?
Moi qui, comme Jonas qu'un ſerpent en-
gloutit,

Ai ſervi de pâture à l'avide Petit.
Non, de la chaſteté j'atteins enfin la cime,
Là je rirai de voir cette pâle victime,
Que la fourbe Vénus place ſur ſes autels,
Traîner les os rongés de ſes poiſons mortels.
Que le Ciel, ſi jamais je vogue ſur ce goufre,
Faſſe pleuvoir ſur moi le bitume & le ſoufre;
Que l'infamant raſoir qui tondit Abaillard,
Me faſſe de l'Eunuque arborer l'étendart,
Si jamais enivré, fut-ce d'une pucelle,
Mon frocard étourdi ſaute dans ſa nacelle.
Tout viſage de femme à bon droit m'eſt ſuſpect;
Quiconque a ſalivé, doit fuir ſon aſpect.
Oüi! m'offrit-on les choix des onze mille Vierges,
Jamais leurs feux ſacrés n'allumeroient mes cierges:
Le jaloux Ottoman m'ouvrit-il ſon ſérail,
Quand j'y verrois à nud l'albâtre & le corail
Briller ſur ces beaux corps qu'embellit la nature,
Mon Priape ſeroit un Priape en peinture.
Je dis plus; quand le Ciel exprès de mon côté
Tireroit la plus rare & plus ſaine beauté,

Dieu ſait ſi la chaleur de cette nouvelle Eve
Dans mon muſcle alongé feroit monter ma ſéve.
Beau ſexe, c'en eſt fait, vos ébats ſéducteurs
Ne me porteront plus vos eſprits deſtructeurs ;
Je fuirai déſormais votre eſpéce gentille,
Ainſi qu'au bord du Nil on fuit le Crocodile ;
Il eſt tems de penſer à faire mon ſalut ;
L'ame ſe porte mal quand le corps eſt en rut.
Lorſque l'affreuſe mort au ſec & froid ſquelette,
M'aura devant le Juge aſſis ſur la ſélette,
Cent mille coups de cul ne me ſauveront pas
Du foudroyant arrêt de l'éternel trépas :
C'eſt vous qui le premier avez fait tomber l'homme,
Par l'attrait ſéducteur de la fatale pomme ;
Mais vos culs dans l'abîme en ont plus deſcendus
Que ne feroient jamais tous les fruits défendus.
C'eſt avec vos filets que Satan nous attrape,
C'eſt vous qui nous pouſſez ſur l'infernale trape ;

Vous ſéduiriez, morbleu, je crois, tous les
Elûs.
Adieu, beau ſexe, adieu, vous ne me tenez plus.

MARSIAS,

ALLÉGORIE CONTRE RAMEAU,

Par Roy. Août 1737.

LUlly joüiſſoit de toute ſa réputation, lorſqu'un certain Carizelly vint d'Italie, pour inſulter au bon goût, & pour démentir les applaudiſſemens de toute la France. Sa muſique étoit auſſi barbare que celle de Lully étoit naturelle. Cet extravagant débuta un ſiſtéme baroque, & tel que ſes chants : auſſi fut-il traité ſelon ſon mérite. Il fut condamné de tous les honnêtes gens ; mais ce n'étoit point aſſez : le Public trouvoit bon que les Auteurs juſtifiaſſent eux-mêmes ſes déciſions. Carizelly fut donc joüé ſous ſon propre nom, & immolé à la riſée ſur le théâtre de l'Opera dans un Divertiſſement qui ſubſiſte encore. Quinault, plus modéré, & habile à manier la fable, ſe contente de l'Allégorie ſuivante, qu'on a depuis recouvrée.

Le téméraire violon
Qui s'eſcrima contre Apollon,
Et qui paya ſon équipée,
De ſa peau par lambeaux coupée,
Fut un échapé des forêts,
Un compoſé d'homme & de brute,
Un de ces êtres imparfaits,
Que même, en y mêlant leurs traits,
L'une & l'autre eſpéce rebute;
Une carcaſſe rembrunie,
Fut l'étui de ſon dur génie.
Du lion les rugiſſemens,
Et des ſerpens les ſifflemens,
Etoient l'école d'harmonie,
Qu'enfant il ſe plût d'écouter,

Et que vieux il ſut imiter.
L'étude augmente ſon délire ;
Son cerveau vient à s'échauffer
Juſqu'au point de croire étouffer
Les ſons de la divine lire.
Phébus vengea l'honneur des chants,
Il vengea la tendre muſique,
Préſens des Dieux, qui dans nos ſens
Répand un baume ſimpatique.
Heureux ! ſi le ſang du brutal
Eût éteint la ſource du mal.
Mégére, du monſtre nourriſſe,
Prévoyant de loin le ſupplice,
Avoit de tout tems arrêté
Qu'il laiſſeroit poſtérité.
Mégére de ſes ſœurs ſuivie,
En hiver par un jour affreux,
Par un broüillard ſale & nitreux
Guida Marſias chez l'envie,
Femelle qui ronge l'ennui,
Qu'amaigrit l'embonpoint d'autrui,
Au regard louche, au teint livide,
Telle qu'on la voit dans Ovide.
On dit qu'à leur premier aſpect,
Effrayés tous deux reculerent ;

Puis leurs carcasses s'accouplerent,
L'un & l'autre hurlant bec-à-bec.
Un vaste monceau de couleuvres
Fut le lit dressé pour leurs œuvres.
Tandis qu'ils filtroient leur poison,
Courage, s'écria Mégére,
Il naîtra de vous un garçon,
Il vivra pour venger son pere,
Pour contrecarrer la raison,
Et faire aux Muses double outrage,
Car outre sa rauque chanson,
D'écrire il lui prendra la rage.
J'entens, je vois l'antropophage,
Col d'autruche, sourcil froncé,
Air jaune & de poil hérissé,
Nez creux, vrai masque de satire,
Bouche pour mordre, & non pour rire,
Tête pointuë & court menton,
Jambes séches comme Eryston.
Le frénétique s'associe
Tous les ignares imprudens,
Par qui le clinquant s'apprécie;
Jeunes rimailleurs, vieux pédans,
Turbulente Démocratie,
Du faux goût sectateurs ardens;

C'eſt du bruit ſeul qu'il ſe ſoucie,
Toute muſique radoucie
A ce fou fait grincer les dents,
Plus que la lime ni la ſcie.
Si dans les concerts diſcordans,
Il réclame en vain l'Auſonie,
Qui le condamne ou le renie,
Il voit venir à ſon ſecours
Les compatriotes des ours.
Vive le Marſias moderne,
Et les Iroquois qu'il gouverne.
Tremblez, Quinault, tremblez Lully,
Il va vous plonger dans l'oubli;
Et ſi ſon mérite apocriphe
Tombe par un juſte revers,
Nous l'occuperons aux enfers:
La lire jurant ſous ſa griffe,
L'aigreur de ſes barbares airs
Comblera les tourmens divers
Et de Tentale & de Syſiphe.

DISCOURS

Prononcé à la Réception des Frée-Maçons.

Par Mr. De Ramſay, Grand-Orateur de l'Ordre.

LA noble ardeur que vous montrez, Meſſieurs, pour entrer dans le très-ancien & très-illuſtre Ordre des *Franc-Maçons*, eſt une preuve certaine que vous poſſédez déja toutes les qualités néceſſaires pour en devenir les membres. Ces qualités ſont la Philantropie ſage, la morale pure, le ſecret inviolable & le goût des beaux Arts.

Lycurge, Solon, Numa & tous les autres Légiſlateurs politiques n'ont pû rendre leurs établiſſemens durables ; quelques ſages qu'ayent été leurs loix, elles n'ont pû s'étendre dans tous les Pays & dans tous les ſiécles. Comme elles n'avoient en vûë que les victoires & les conquêtes, la violence militaire & l'élévation d'un peuple au-deſſus d'un autre, elles n'ont pû devenir univerſelles ni convenir au goût, au génie, aux intérêts de toutes les Nations. La Philantropie n'étoit pas leur baſe. L'amour de la Patrie mal-entendu & pouſſé à l'excès, détruiſoit ſouvent dans ces Républiques guerriéres l'amour de l'humanité en général. Les hommes ne ſont pas diſtingués eſſentiellement par la différence des langues qu'ils parlent, des habits qu'ils portent, des Pays qu'ils occupent, ni des dignités dont ils ſont revêtus. Le monde entier n'eſt qu'une grande République, dont chaque nation eſt une famille, & chaque particulier un enfant. C'eſt pour faire revivre & répandre ces anciennes maximes, priſes dans la nature de l'homme, que notre Société fut établie. Nous voulons réünir tous les hommes d'un eſprit éclairé & d'une humeur agréable, non-ſeulement par l'amour des beaux Arts, mais encore plus par les grands principes de vertu, où l'intérêt de la confraternité devient celui du genre humain entier, où toutes les nations peuvent puiſer des connoiſſances ſolides, & où tous les ſujets des différens Royaumes peuvent conſpirer ſans jalouſie, vivre ſans diſcorde & ſe chérir mutuellement ſans renoncer à leur Patrie. Nos Ancêtres, les Croiſés, raſſemblés de toutes les parties de la Chrétienté dans la Terre ſainte, voulurent réünir ainſi dans une ſeule confraternité les ſujets de toutes les nations. Quelle obligation n'a-t'on pas à ces hommes ſupérieurs, qui ſans intérêt groſſier, ſans écouter l'envie naturelle de dominer, ont imaginé un établiſſement, dont le but unique eſt la réünion des eſprits & des cœurs, pour les rendre meilleurs, & former dans la ſuite des tems *une nation ſpirituelle*, où ſans déroger aux divers devoirs que la différence des états exige, on créera un peuple nouveau, qui en tenant de pluſieurs nations, les cimentera toutes en quelque ſorte par les liens de la vertu & de la ſcience.

La ſaine morale eſt la ſeconde diſpoſition requiſe dans notre Société. Les Ordres Religieux furent établis pour rendre les hommes Chrétiens parfaits; les ordres militaires, pour inſpirer l'amour de la belle gloire; l'Ordre des Frée-Maçons fut inſtitué pour former des hommes & des hommes aimables, de bons citoyens & de bons ſujets, inviolables dans leurs promeſſes, fidéles adorateurs du Dieu de l'amitié, plus amateurs de la vertu que des recompenſes.

Polliciti ſervare fidem, ſanctumque vereri
Numen amicitiæ, mores, non munus amare.

Ce n'eſt pas cependant que nous

nous bornions aux vertus purement civiles. Nous avons parmi nous trois eſpéces de confreres, des Horices ou des Apprentis, des Compagnons ou des Profés, des Maîtres ou des Parfaits. Nous expliquons aux premiers les vertus morales & philantropes; aux ſeconds, les vertus héroïques; aux derniers, les vertus ſurhumaines & divines. De ſorte que notre Inſtitut renferme toute la Philoſophie des ſentimens & toute la Théologie du cœur. C'eſt pourquoi un de nos vénérables Confreres dit dans une Ode, pleine d'un noble entouſiaſme:

Frée-Maçons, illuſtre grand Maître,
Recevez mes premiers tranſports,
Dans mon cœur l'ordre les fait naître;
Heureux! ſi de nobles efforts
Me font mériter votre eſtime,
M'élevent à ce vrai ſublime,
A la premiére vérité,
A l'eſſence pure & divine,
De l'ame céleſte origine,
Source de vie & de clarté.

Comme une Philoſophie ſévére, ſauvage, triſte & miſantrope dégoûte les hommes de la vertu, nos Ancêtres, les Croiſés, voulurent la rendre aimable par l'attrait des plaiſirs innocens, d'une muſique agréable, d'une joie pure & d'une gayeté raiſonnable. Nos ſentimens ne ſont pas ce que le monde profane & l'ignorant vulgaire s'imaginent. Tous les vices du cœur & de l'eſprit en ſont bannis, & l'irréligion & le libertinage, l'incrédulité & la débauche. C'eſt dans cet eſprit qu'un de nos Poëtes dit :

Nous ſuivons aujourd'hui des ſentiers peu battus,
Nous cherchons à bâtir, & tous nos édifices
Sont ou des cachots pour les vices,
Ou des temples pour les vertus.

Nos repas reſſemblent à ces vertueux ſoupers d'Horace, où l'on s'entretenoit de tout ce qui pouvoit éclairer l'eſprit, perfectionner le cœur, & inſpirer le goût du vrai, du bon & du beau.

O ! noctes, cænaque Deum.....
Sermo oritur non de regnis, domibuſve alienis :
. . . . ſed quòd magis ad nos
Pertinet, & neſcire malum, & agitamus,
Utrùmne divitiis homines, an ſint virtute beati ;
Quidve amicitias, uſus, rectumve trahat nos,
Et quæ ſit natura boni, ſummumque quid ejus.

Ici l'amour de tous les déſirs ſe fortifie. Nous banniſſons de nos Loges toute diſpute, qui pourroit altérer la tranquilité de l'eſprit, la douceur des mœurs, les ſentimens d'amitié, & cette harmonie parfaite qui ne ſe trouve que dans le retranchement de tous les excès indécens & de toutes les paſſions diſcordantes.

Les obligations donc que l'ordre vous impoſe, ſont de protéger vos confreres par votre autorité, de les éclairer par vos lumiéres, de les édifier par vos vertus, de les ſecourir dans leurs beſoins, de ſacrifier tout reſſentiment perſonnel, & de rechercher tout ce qui peut contribuer à la paix, à la concorde & à l'union de la Société.

Nous avons des ſecrets ; ce ſont des ſignes figuratifs & des paroles ſacrées, qui compoſent un langage tantôt muet & tantôt très-éloquent, pour ſe communiquer à la plus grande diſtance, & pour reconnoître nos confreres de quelque langue ou de quelque Pays qu'ils ſoyent. C'étoient, ſelon les apparences, des mots de guerre que les Croiſés ſe donnoient les uns aux autres, pour ſe garantir des ſurpriſes des Saraſins, qui ſe gliſſoient ſouvent déguiſés parmi eux pour les trahir & les aſſaſſiner. Ces ſignes & ces paroles rappellent le ſouvenir ou de quelque partie de notre ſcience, ou de quelque vertu morale, ou de quelque miſtére de la Foi.

Il eſt arrivé chez nous ce qui n'eſt

guéres

guéres arrivé dans aucune autre ſo-ciété. Nos Loges ont été établies & ſe répandent aujourd'hui dans toutes les nations policées ; & ce-pendant dans une ſi nombreuſe multitude d'hommes, jamais aucun confrere n'a trahi nos ſecrets. Les eſprits les plus légers, les plus indiſ-crets & les moins inſtruits à ſe taire, apprennent cette grande ſcience auſſi-tôt qu'ils entrent dans notre Société : tant l'idée de l'union fra-ternelle a d'empire ſur les eſprits. Ce ſecret inviolable contribuë puiſ-ſanment à lier les ſujets de toutes les nations, & à rendre la commu-nication des bienfaits facile & mu-tuelle entre eux. Nous en avons pluſieurs exemples dans les annales de notre Ordre : nos confreres qui voyageoient dans les différens Pays de l'Europe, s'étant trouvés dans le beſoin, ſe ſont fait connoître à nos Loges, & auſſi-tôt ils ont été comblés de tous les ſecours néceſſaires. Dans le tems même des guerres les plus ſanglantes, des illuſtres priſonniers ont trouvé des freres où ils ne croyoient trouver que des ennemis : ſi quelqu'un manquoit aux promeſſes ſolemnelles qui nous lient, vous ſavez, Meſſieurs, que les plus grandes peines ſont les remords de ſa conſcience, la honte de la perfidie & l'excluſion de notre Société, ſelon ces belles paroles d'Horace :

Eſt & fideli tuta ſilentis
Merces ; veta loqui cereno ſacrum
Vulgarit arcanæ, ſub iiſdem
Sit trabibus, fragilemque mecum
Solvat Phaſelum.

Oüi, Meſſieurs, les fameuſes fêtes de Céres à Eleuſis, dont parle Horace, auſſi-bien que celles d'Iſis en Egypte, de Minerve à Athénes, d'Uranie chez les Phéniciens & de Diane en Scythie, avoient quelque rapport à nos ſolemnités. On y célébroit des miſtéres où ſe trouvoient plusieurs vestiges de l'ancienne réligion de Noë & des Patriarches ; (a) ensuite on finissoit par les repas & les libations ; mais, sans les excès, les débauches & l'intempérance où les Payens tomberent peu à peu. La source de toutes ces infamies fut l'admission ds personnes de l'un & de l'autre sexe aux assemblées nocturnes contre la primitive institution. C'est pour prévenir de semblables abus que les femmes sont excluës de notre Ordre. Ce n'est pas que nous soyons assez injustes pour regarder le sexe comme incapable de secret ; mais c'est parce que sa présence pourroit altérer insensiblement la pureté de nos maximes & de nos mœurs.

Si le sexe est banni, qu'il n'en ait point d'allarmes,
Ce n'est point un outrage à sa fidélité ;

(a) Voyez les mœurs des Sauvages du Pere Laffiteau, tom. I. p. 221.

Mais on craint que l'Amour, entrant avec ſes
charmes,
Ne produiſe l'oubli de la fraternité.
Noms de freres, d'amis feroient de foibles armes
Pour garantir les cœurs de la rivalité.

La quatriéme qualité requiſe pour entrer dans notre Ordre, eſt le goût des ſciences utiles & des arts libéraux de toutes les eſpéces; ainſi l'Ordre exige de chacun de vous, de contribuer par ſa protection, par ſa libéralité, ou par ſon travail à un vaſte ouvrage, auquel nulle Académie & nulle Univerſité ne peuvent ſuffire, parce que toutes les Sociétés particuliéres étant compoſées d'un très-petit nombre d'hommes, leur travail ne peut pas embraſſer un objet auſſi immenſe.

Tous les grands Maîtres en Allemagne, en Angleterre, en Italie & par toute l'Europe, exhortent tous les ſavans & tous les artiſtes de la confraternité de s'unir, pour fournir les matériaux d'un Dictionnaire univerſel de tous les arts libéraux & de toutes les ſciences utiles, la Théologie & la Politique ſeules exceptées. On a déja commencé l'ouvrage à Londres ; mais par la réünion de nos confreres on pourra le porter à ſa perfection en peu d'années. On y expliquera non-ſeulement le mot *technique* & ſon étimologie ; mais on donnera encore l'hiſtoire de la ſcience & de l'art, ſes grands principes & la maniére d'y travailler. De cette façon on réünira les lumiéres de toutes les nations dans un ſeul ouvrage, qui ſert comme un magaſin général & une bibliothéque univerſelle de ce qu'il y a de beau, de grand, de lumineux, de ſolide & d'utile dans toutes les ſciences naturelles & dans tous les arts nobles. Cet ouvrage augmentera dans chaque ſiécle, ſelon l'augmentation des lumiéres ; c'eſt ainſi qu'on répandra une noble émulation avec le goût des belles Lettres & des beaux Arts dans toute l'Europe.

Le nom de Frée-Maçons ne doit donc pas être pris dans un ſens littéral, groſſier & matériel, comme ſi nos Inſtituteurs avoient été de ſimples ouvriers en pierre & en marbre, ou des génies purement curieux, qui vouloient perfectionner les arts. Ils étoient non-ſeulement d'habiles architectes qui vouloient conſacrer leurs talens & leurs biens à la conſtruction des temples extérieurs ; mais auſſi des Princes réligieux & guerriers qui vouloient éclairer, édifier & protéger les temples vivans du Très-Haut. C'eſt ce que je vais démontrer, en vous développant l'origine & l'hiſtoire de l'Ordre.

Chaque famille, chaque République & chaque Empire, dont l'origine eſt perduë dans une antiquité obſcure, a ſa fable & a ſa vérité, ſa légende & ſon hiſtoire, ſa fiction & ſa réalité. Quelques-uns font remonter notre inſtitution juſqu'au tems de Salomon, de Moïſe, des Patriarches, de Noë même. Quelques-autres prétendent que notre Fondateur fut Enoch, le petit-fils du Protoplaſte, qui bâtit la premiére ville, & l'appella de ſon nom. Je paſſe rapidement ſur cette origine fabuleuſe, pour venir à notre véritable hiſtoire. Voici donc ce que j'ai pû recüeillir dans les très-anciennes Annales de l'hiſtoire de la Grande-Bretagne, dans les actes du Parlement d'Angleterre, qui parlent ſouvent de nos priviléges, & dans la tradition vivante de la Nation Britannique, qui a été le centre & le ſiége de notre confraternité depuis l'onziéme ſiécle.

Du tems des guerres ſaintes dans la Paleſtine, pluſieurs Princes, Seigneurs & Citoyens entrerent en Société, firent vœu de rétablir les temples des Chrétiens dans la Terre ſainte, & s'engagerent par ſerment à employer leurs talens & leurs biens pour ramener l'architecture à primitive institution. Ils convinrent de plusieurs signes anciens, de mots simboliques tirés du fond de la Religion, pour se distinguer des Infidéles, & se reconnoître d'avec les Sarasins. On ne communiquoit ces signes & ces paroles qu'à ceux qui promettoient solemnellement, & souvent même aux pieds des Autels, de ne les jamais révéler. Cette promesse sacrée n'étoit donc plus un serment exécrable, comme on le débite, mais un lien respectable pour unir les hommes de toutes les nations dans une même confraternité. Quelque tems après, notre Ordre s'unit avec les Chevaliers de S. Jean de Jérusalem : dès-lors & depuis nos Loges porterent le nom de Loges de S. Jean dans tous les Pays. Cette union se fit en imitation des Israëlites, lorsqu'ils rebâtirent le second temple ; pendant qu'ils manioient d'une main la trüelle & le mortier, ils portoient de l'autre l'épée & le bouclier. (*Esdras chap. 4. v. 16.*) Notre Ordre, par conséquent, ne doit pas être regardé comme un renouvellement de baccanales, & une source de fole dissipation, de libertinage effréné & d'intempérance scandaleuse, mais comme un Ordre moral, institué par nos Ancêtres dans la Terre sainte, pour rappeller le souvenir des vérités les plus sublimes, au milieu des innocens plaisirs de la Société.

Les Rois, les Princes & les Seigneurs, en revenant de la Palestine dans leurs Pays, y établirent des Loges différentes. Du tems des derniéres Croisades on voit déja plusieurs Loges érigées en Allemagne, en Italie, en Espagne, en France & de-là en Ecosse, à cause de l'intime alliance qu'il y eut alors entre ces deux nations.

Jacques Lord Steward d'Ecosse,

fut Grand-Maître d'une Loge, établie à Kilwinnen dans l'Oüest d'Ecosse, en l'an 1286. peu de tems après la mort d'Alexandre III. Roi d'Ecosse, & un an avant que Jean Baliol montât sur le trône. Ce Seigneur Ecossois reçut Frée-Maçons dans sa Loge les Comtes de Glocester & d'Ulster, Seigneurs Anglois & Irlandois.

Peu à peu nos Loges, nos fêtes & nos solemnités furent négligées dans la plûpart des Pays où elles avoient été établies. De-là vient le silence des Historiens de presque tous les Royaumes sur notre Ordre, hors ceux de la Grande-Bretagne. Elles se conserverent néanmoins dans toute leur splendeur parmi les Ecossois, à qui nos Rois confierent, pendant plusieurs siécles, la garde de leurs sacrées Personnes.

Après les déplorables traverses des Croisades, le dépérissement des armées Chrétiennes & le triomphe de Bendocdar, Soudan d'Egypte, pendant la huitiéme & derniére Croisade, le fils d'Henri III. Roi d'Angleterre, le grand Prince Edord voyant qu'il n'y avoit plus de sûreté pour ses confreres dans la Terre sainte, quand les troupes Chrétiennes s'en retireroient, les ramena tous; & cette colonie de freres s'établit ainsi en Angleterre. Comme ce Prince étoit doüé de toutes les qualités du cœur & de l'esprit qui forment les Héros, il aima les beaux arts, se déclara protecteur de notre Ordre, lui accorda plusieurs priviléges & franchises, & dès-lors les membres de cette confraternité prirent le nom de *Franc-Maçons*. Depuis ce tems la Grande-Bretagne devint le siége de notre science, conservatrice de nos loix, & la dépositaire de nos secrets. Les fatales discordes de Réligion, qui embrasserent & déchirerent l'Europe dans le seiziéme siécle, firent dégénérer notre Ordre de la grandeur & de la noblesse de son origine. On changea, on déguisa ou l'on retrancha plusieurs de nos rits & usages, qui étoient contraires aux préjugés du tems.

C'est ainsi que plusieurs de nos confreres oublierent, comme les anciens Juifs, l'esprit de notre loi, & n'en conserverent que la lettre & l'écorce. Notre Grand-Maître, dont les qualités respectables surpassent encore la naissance distinguée, veut qu'on rappelle tout à sa premiére institution, dans un Pays où la Réligion & l'Etat ne peuvent que favoriser nos loix.

Des Isles Britanniques, l'antique science commence à repasser dans la France sous le regne du plus aimable des Rois, dont l'humanité fait l'ame de toutes les vertus, sous le ministére d'un Mentor, qui a réalisé tout ce qu'on avoit imaginé de fabuleux. Dans ces tems heureux, où l'amour de la paix est devenu la vertu des Héros, la nation la plus ſpirituelle de l'Europe deviendra le centre de l'Ordre; elle répandra ſur nos ouvrages, nos ſtatuts & nos mœurs les graces, la délicateſſe & le bon goût; qualités eſſentielles dans un Ordre, dont la baſe eſt la *ſageſſe, la force & la beauté du génie.* C'eſt dans nos Loges à l'avenir, comme dans des Ecoles publiques, que les François verront, ſans voyager, les caractéres de toutes les nations; & c'eſt dans ces mêmes Loges que les étrangers apprendront par expérience, que la France eſt la vraie Patrie de tous les peuples: *Patria gentis humanæ.*

STATUTS.

I.

NUl ne ſera reçû dans l'Ordre, qu'il n'ait promis & juré un attachement inviolable pour la Religion, le Roi & les mœurs.

I I.

Tout Brocanteur en incrédulité, qui aura parlé ou écrit contre les anciens dogmes de l'ancienne Foi des Croisés, sera exclu à jamais de l'Ordre, à moins qu'il ne fasse abjuration de ses blasphêmes en pleine assemblée, & une réfutation de son ouvrage.

I I I.

Nul homme suspect de vices infames & dénaturés, ne sera admis qu'après avoir donné, pendant trois ans, des preuves éclatantes de sa pénitence, & de son amour pour le beau sexe.

I V.

Tout homme qui place la souveraine félicité à boire, manger & dormir; la perfection de l'esprit dans l'art de joüer, de jaser, de badiner, de savoir l'histoire des toilettes, de parler le stile des ruelles, de ne lire que des contes bleus, est incapable d'entrer dans l'Ordre.

V.

Tout Petit-Maître idolâtre de ſa figure, de ſon toupet, & de ſes ajuſtemens, ſera obligé, en entrant dans l'ordre, de s'habiller ſimplement ſans galons, ſans broderie, & ſans parure femelle, pendant l'eſpace de trois ans.

V I.

Nul hipocrite en probité, en valeur, en dévotion, ni en morale ſévére, ne ſera reçû dans la ſacrée confraternité.

V I I.

Tout ſavant qu'on recevra dans l'Ordre, ſera tenu de promettre qu'il préférera à l'avenir le plaiſir de ſavoir à l'envie de briller; qu'il tâchera d'avoir le beau dans la tête & le bon dans le cœur, & qu'il ne montrera jamais l'un que pour faire aimer l'autre.

V I I I.

Nul bel eſprit qui aura médit, calomnié, ſatiriſé en vers ou en proſe,

& dépensé ses talens en faux fraix, en fariboles, en sornettes immondes ou impies, ne sera reçû qu'après avoir fait un ouvrage contre sa propre impertinence.

L'ÉTONNEMENT.

QU'UN Cavalier suive par-tout les pas
D'une beauté qui l'a charmée,
Que pour elle il quitte l'armée;
Cela ne me surprend pas:
Mais qu'un Abbé, d'une mine friponne,
A Philis, presque tout le jour,
Effrontément fasse sa cour,
Et lui marque sa vive amour;
C'est là ce qui m'étonne.

Qu'un Financier, abondant en ducats,
Risquant quelquefois sa fortune,
Perde au Lansquenet sa pécune;
Cela ne me surprend pas:
Mais que Damon qu'un Créancier talonne,
D'un seul coup risque un revenu
Qui n'est pas encore venu,

Et

Et qui bientôt sera perdu ;
C'est là ce qui m'étonne.

Que Lycoris, la fleur de nos climats,
Pour un charmant Berger soupire,
Qu'en ses beaux yeux elle se mire ;
Cela ne me surprend pas :
Mais que la jeune & piquante Pomone
Ecoute les vœux d'un Ragot,
Et se plaise avec un Magot,
Qui jamais ne sut dire un mot ;
C'est là ce qui m'étonne.

Que mon Iris vive & pleine d'appas,
A peine au printems de son âge
Soupire après le mariage ;.
Cela ne me surprend pas :
Mais qu'Alison, déja dans son autonne,
Sans vigueur & sans agrément,
Pense encore au doux Sacrement,
Sans qu'il se présente un Amant ;
C'est là ce qui m'étonne.

Qu'un froid vieillard, pour prendre ses ébats,
Avec ses amis sous la treille
Vuide quelquefois la bouteille ;

Cela ne me ſurprend pas:
Mais qu'un Barbon, d'une jeune Pouponne
Veüille encore éprouver les ſeux,
Après trois veuvages affreux,
Qui lui blanchiſſent les cheveux;
C'eſt là ce qui m'étonne.

Qu'Amarillis en amoureux combats,
Par l'éclat brillant de ſes charmes,
Faſſe au plus fier rendre les armes;
Cela ne me ſurprend pas:
Mais que Liſon marchant à la dragonne,
Penſe captiver les Amans
Avecque ſes cheveux ardens,
Et la jauniſſe de ſes dents;
C'eſt là ce qui m'étonne.

LE POËTE VENGÉ. *

AVORTON des neuf Sœurs, Grenoüille du Parnaſſe,
Qui que tu ſois, réponds; quelle impudente audace

* Cette Piéce & celle qui la ſuit, ont été faites à l'occaſion de quelques miſérables couplets lâchés contre Mr. C***.

T'a contraint d'attaquer un redouté Géant,
Qui peut, d'un ſeul regard, te réduire au
néant ?
Mais ne crains point : jamais dans ſa noble colére,
Ce Héros n'attaqua qu'un illuſtre adverſaire;
Il mépriſe les coups d'une trop foible main,
Et t'honora toûjours du plus parfait dédain :
Semblable à ce grand Roi qui força le Granique,
Malgré les boulevarts de l'Empire Perſique,
Il ne veut, comme lui, dans les combats d'honneur,
Que des Rois, dont il puiſſe éprouver la valeur;
Il craindroit de ternir ſon éclatante gloire,
S'il t'oſoit diſputer une foible victoire,
Il s'en eſt expliqué, j'en atteſte les Cieux:
Je ne veux, m'a-t'il dit, qu'un ennemi fameux,
Je mépriſe un faquin que tout le monde ignore;
Il croupit dans l'oubli, qu'il y croupiſſe encore.
Il dit; & je ne pûs, en entendant ces mots,

Qu'admirer la grandeur & l'ame d'un Héros;
Quelle noble fierté ! me disois-je à moi-
même,
Que ce mépris est grand ! que ma joie est
extrême !
S'il paroît quelqu'esprit & savant & jaloux,
Le siécle de César revivra parmi nous.
Mais quoi ! je vois déja mon Baudet qui
s'admire,
Charmé des aigres sons de sa fade Satire,
Il croit que ce mépris à propos concerté
Marque ou trop de foiblesse ou trop de lâ-
cheté :
Eh bien, prenons en main du Héros la
vengeance,
Et du plat rimailleur dévoilons l'ignorance.
Dis-moi ; prétendois-tu dans tes foles fu-
reurs,
Eterniser ton nom par de sales horreurs ?
Croyois-tu qu'Apollon, secondant ton au-
dace,
Te placeroit au rang ou de Perse ou d'Ho-
race ?
Insensé ! tu voulus croire ta passion,
L'infamie est le prix de ton ambition ;

Tu ne peux l'éviter, & je vois *Melpoméne*
Qui grave ſur ton front le nom d'*Energu-*
méne.
Quel Démon furieux fait joüer les reſſorts
De ton eſprit rampant & de ton foible corps,
Sans reſpect, ſans pudeur tu répands dans
la Ville
Le noirâtre poiſon que ta plume diſtille,
La probité, l'honneur, l'eſprit & le ſavoir,
De tout ſatiriſer tu te fais un devoir ;
Il n'eſt pas aucun jour, où du fruit de tes
veilles,
Tu n'oſes empeſter nos yeux & nos oreilles :
Encor, ſi tu ſavois manier un écrit,
Si l'on trouvoit en toi ce qu'on appelle eſprit,
Peut-être l'on pourroit, charmé de ton génie,
Te paſſer un bon mot ou plaîndre ta manie :
Mais non; tous tes écrits ſales & dégoûtans
Semblent être formés en dépit du bon ſens,
La rime & la raiſon, dans les vers ſi vantés,
De l'un à l'autre bout ſont chez toi mal-
traités ;
En un mot, tes Ecrits ſont des monſtres hi-
deux,
La nature en frémit, j'en détourne les yeux.

Mais ne crois pas pourtant éviter ma colére,
Je prétends t'écraser, ou bien te faire taire;
Ecoute donc ces mots par où je vais finir,
Peut-être ils te rendront plus sage à l'avenir,
Du moins tu ne pourras méconnoître en ma Fable
Dans l'Ane maltraité ton portrait véritable.

L'ÂNE ET LE ROSSIGNOL,

FABLE NOUVELLE.

UN tendre Rossignol, favori d'Apollon,
Dans les bois du sacré Valon,
Chantoit un jour l'objet, dont la vive jeunesse
Avoit sû captiver son cœur & sa tendresse:
Tout étoit attentif aux accens de sa voix;
Un silence profond regnoit au fond des bois;
Les vents retenoient leur haleine;
Les ruisseaux ne couloient qu'à peine;
Les oiseaux d'alentour, charmés de ses doux sons,

Prenoient, en l'écoutant, de ſavantes leçons.
Phébus alors couché ſous un épais feüillage,
De ſon cher Roſſignol entendit le ramage;
C'eſt lui-même, dit-il, avançons, hâtons-
nous,
Ne perdons rien d'un chant ſi doux.
Il dit; & ſuivi de ſa troupe,
Il vint s'aſſeoir ſur la prochaine croupe.
Là, près de lui l'on vit ces Poëtes fameux,
Qui ſeront révérés chez nos derniers ne-
veux;
Là, tendrement couchés ſur la molle ver-
dure,
On vit le doux Racan & le badin Voiture,
Le naïf Lafontaine & le gêné Godeau,
Le ſublime Corneille & le mordant Rouſ-
ſeau.
Là parurent auſſi Malherbe le Lyrique,
Ronſard, qui tient encore ſon chalumeau
ruſtique;
Benſerade qui ſait peindre amoureuſement,
Et les yeux d'une belle & les feux d'un
amant:
Regnier qui nous charma par ſa vive Satire,
Scaron qui n'écrivit que pour nous faire rire.

Là brilloient la Chapelle, & Lafare, & Chaulieu,
Racine & Desſpréaux l'ornement de ce lieu.
Vous y fûtes auſſi, Marot, & vous Moliére,
Avec l'aimable Deshouliére.
Tout s'y trouva; Menard, Deſmareſt & Villons,
Et mille autres encor, dont je paſſe les noms.

Le Dieu des Vers à peine eût fait faire ſilence,
Que l'Oiſeau favori reſſentant ſa préſence,
Se remit à chanter avec plus de douceur
La vive & tendre amour qui conſumoit ſon cœur.
Sa voix devint plus animée,
Toute la troupe en fut charmée;
Le goſier de l'Oiſeau ne parut point laſſé,
Et Phébus avoüa qu'il s'étoit ſurpaſſé.

Mais tandis que ſa douce & divine harmonie
Enchantoit la troupe ravie,
Un Baudet près de-là, qui broutoit des chardons,
Crut pouvoir imiter de ſi tendres fredons;

Il vous dreſſe à l'inſtant ſes deux longues
oreilles,
Et croyant faire des merveilles,
De ſon large goſier, il pouſſe avec vigueur,
Un aigre ſon, ſuivi d'un ton qui fit horreur ;
Il redouble ; & Phébus, indigné de colére,
L'impertinent ! dit-il, allez le faire taire,
Prenez, mes fils, prenez de gros & forts
tricots,
Qu'à ce ſot animal on briſe tous les os.
Alors vous euſſiez vû cette troupe ſavante
S'armer de gros bâtons & d'une main péſante
Etriller de bonne façon
Le Baudet, qui pouſſoit un lamentable ſon.
Chacun, à qui mieux mieux, fit pleuvoir
ſur ſa tête
Une grêle de coups ſemblable à la tempête ;
On dit qu'entr'autres Deſmareſt,
D'un coup fort à propos, lui rompit un jarrêt;
Ainſi moulu de coups, l'Animal d'Arcadie
Fut chaſſé du Parnaſſe avec ignominie.
Alors refléchiſſant ſur ſon malheureux ſort,
Il blâma ſon audace, & reconnut ſon tort:
Je mérite, dit-il, tous les maux que j'en-
dure,

Mon orguëil eſt puni ; mais par ma foi j'en
jure,
Jamais mes aigres ſons, pouſſés à contre-
tems,
Du tendre Roſſignol ne troubleront les
chants.

ÉPILOGUE.

LE ſens de cette Fable eſt facile à com-
prendre ;
On veut par là nous faire entendre,
Que jamais il ne faut ſe mêler ici bas
D'un métier que l'on n'entend pas ;
Sans cela, des experts on devient la riſée,
Témoin ce Rimailleur, dont la Muſe forcée
N'enfante, & ne ſéme en ces lieux,
Qu'une façon de vers dégoûtans, ennuyeux,
Où l'on ne reconnoît qu'une extrême im-
pudence,
Et des régles de l'art une craſſe ignorance.
Ils ſont bien faits, dit-on, ils ſont beaux,
ils ſont grands ;
Ils ſont beaux, qui le dit ? De parfaits igno-
rans,

Qui n'eureut en naiſſant qu'un corps pour
tout partage ;
Muſe, tu les connois, n'en dis pas davantage.
Ah ! que des tels Grimauds mépriſent mes
écrits ?
Je conſens d'écrire à ce prix.

ÉPÎTRE A URANIE,

Par Mr. De Voltaire.

TU veux donc , charmante Uranie,
Qu'érigé, par ton ordre, en Lucréce
nouveau,
Devant toi d'une main hardie,
A la Réligion j'arrache le bandeau,
Que j'expoſe à tes yeux le dangereux tableau
Des menſonges ſaçrés, dont la terre eſt remplie,
Et qu'enfin ma Philoſophie
T'apprenne à mépriſer les horreurs du tombeau,
Et les terreurs de l'autre vie.

Ne crois pas qu'enivré de l'erreur de mes
fens,
De ma Réligion blafphémateur profane,
Je veüille avec dépit dans mes égaremens,
Détruire en libertin la loi qui les condamne;
Examinateur fcrupuleux
Du plus redoutable miftére,
Je prétends pénétrer d'un pas refpectueux
Au plus profond du fanctuaire
D'un Dieu, mort fur la Croix, que l'Europe
révére ;
L'horreur d'une éternelle nuit
Semble cacher ce Temple à mon œil témé-
raire;
Mais la raifon qui m'y conduit
Fait marcher devant moi fon flambeau qui
m'éclaire.
Les Prêtres de ce Temple, avec un front
févére
M'offrent d'abord un Dieu que je devrois
haïr;
Un Dieu qui nous forma pour être mifé-
rables,
Qui nous donna des cœurs coupables
Pour avoir droit de nous punir,

Nous fit à lui-même ſemblables,
Afin de nous mieux avilir,
Et nous faire à jamais ſentir
Les maux les plus inſupportables.
Il forme à peine un homme à ſon image,
Qu'on l'en voit ſoudain repentir;
Comme ſi l'Ouvrier n'avoit pas dû ſentir
Les défauts de ſon propre ouvrage
Et ſagement les prévenir.
Bientôt ſa fureur meurtriére
Du monde épouvanté ſape les fondemens,
Dans un déluge d'eau détruit en même-tems
Les ſacriléges habitans
Qui rempliſſoient la terre entiére
De leurs honteux déréglemens.
Sans doute on le verra par d'heureux changemens
Sous un ciel épuré redonner la lumiére
A de nouveaux humains, à des cœurs innocens,
De ſa haute ſageſſe aimables mouvemens.
Non, il tire de la pouſſiére
Un nouveau peuple de tirans;
Une race livrée à ſes emportemens,
Plus coupable que la premiére:

Que fera-t'il ? Quels foudres éclatans
Va ſur ces malheureux lancer ſa main ſévére !
Va-t'il dans le cahos plonger les Elémens ?
O prodige ! ô tendreſſe ! ô miſtére !
Il venoit de néyer les peres,
Il va mourir pour les enfans.
Il eſt un peuple obſcur, imbécile & volage,
Amateur inſenſé des ſuperſtitions,
Vaincu par ſes voiſins, rampant dans l'eſclavage
Et l'éternel mépris des autres Nations :
Le Fils de Dieu, Dieu même oubliant ſa puiſſance,
Se fait concitoyen de ce peuple odieux ;
Dans les flancs d'une Juive il vient prendre naiſſance,
Il rampe ſous ſa mere, il ſouffre ſous ſes yeux
Les infirmités de l'enfance.
Long-tems vil ouvrier, le rabot à la main,
Ses beaux jours ſont perdus dans un lâche exercice ;
Il prêche enfin trois ans le Peuple Iduméen,
Et périt du dernier ſupplice.
Son ſang, du moins le ſang d'un Dieu mourant pour nous,

N'étoit-il pas d'un prix aſſez noble, aſſez rare,
Pour ſuffire à parer les coups
Que l'enfer jaloux nous prépare.
Quoi! Dieu voulut mourir pour le ſalut de tous,
Et ſon trépas m'eſt inutile!
Quoi! l'on me vantera ſa clémence futile!
Quand, remontant au Ciel, il reprend ſon courroux,
Quand ſa main nous replonge aux éternels abîmes,
Et quand par ſa fureur effaçant ſes bienfaits,
Ayant verſé ſon ſang pour expier nos crimes,
Il nous punit de ceux que nous n'avons pas faits.
Ce Dieu pourſuit encore, aveugle en ſa colére,
Sur ſes derniers enfans l'erreur du premier Pere,
Il en demande compte à cent peuples divers
Aſſis dans la nuit du menſonge
Et dans l'obſcurité, où lui-même les plonge,
Lui qui vient, nous dit-on, éclairer l'Univers.

Amérique, vaſtes contrées,
Peuples que Dieu fit naître aux portes du ſoleil,
Vous, Nations hiperborées,
Que l'erreur entretient dans un profond ſommeil,
Vous ſerez donc un jour à ſa fureur livrées,
Pour n'avoir pas ſû qu'autrefois,
Sous un autre Hemiſphére, aux plaines Idumées,
Le Fils d'un Charpentier expira ſur la Croix.
Je ne reconnois point à ces fauſſes images
Le Dieu que je dois adorer;
Je croirois le deshonorer
Par un ſi criminel hommage.
Entends, Dieu que j'implore, entends du haut des Cieux
Une voix plaintive & ſincére,
Mon incrédulité ne doit pas te déplaire;
Mon cœur eſt ouvert à tes yeux;
On te fait un tiran, en toi je cherche un Pere;
Je ne ſuis pas Chrétien, mais c'eſt pour t'aimer mieux.
Ciel! ô Ciel! quel objet vient de fraper ma vûë!

Je

Je reconnois le Chriſt puiſſant & glorieux ;
Auprès de lui dans une nuë
Sa Croix ſe préſente à mes yeux.
Sous ſes pieds triomphans la mort eſt abatuë ;
Des portes de l'enfer il ſort victorieux,
Son regne eſt annoncé par la voix des oracles,
Son Trône eſt cimenté par le ſang des Martirs ;
Tous les pas de ces Saints ſont autant de miracles ;
Il leur promet des biens plus grands que leurs déſirs ;
Ses exemples ſont ſaints, ſa morale eſt Divine ;
Il conſole en ſecret les cœurs qu'il illumine,
Dans les plus grands malheurs il leur offre un appui ;
Et ſi ſur l'impoſture il fonde ſa doctrine,
C'eſt un bonheur encor d'être trompé par lui.
Entre ces deux portraits, incertaine Uranie,
C'eſt à toi de chercher l'obſcure vérité,
A toi que la nature embellit d'un génie
Qui ſeul égale ta beauté.

Songe que du Très-Haut la ſageſſe éternelle
A gravé de ſa main dans le fond de ton cœur
La Réligion naturelle ;
Crois que ta beauté, ta douceur
Ne ſont point les objets de ſa haine immortelle ;
Crois que devant ſon Trône en tout tems, en tous lieux,
Le cœur d'un juſte eſt précieux ;
Crois qu'un Bronze modeſte, un Dervis charitable,
Trouvent plûtôt grace à ſes yeux,
Qu'un Janſeniſte impitoyable ,
Ou qu'un Pontife ambitieux.
Et qu'importe, en effet, ſous quel tître on l'implore ?
Tout hommage eſt reçû, mais aucun ne l'honore ;
Un Dieu n'a pas beſoin de nos ſoins aſſidus ;
Si on peut l'offenſer, c'eſt par des injuſtices :
Il nous juge ſur nos vertus,
Et non pas ſur nos ſacrifices.

ODE
A Mr. DE VOLTAIRE.

PLEIN d'une ſainte vengeance
Je t'invoque, Dieu des Dieux,
Pour confondre l'arrogance
D'un impie ingénieux.
Ah! toûjours fougueux Voltaire,
Par un eſſor téméraire
Attaqueras-tu le Ciel?
Ingrat! le Dieu, que tu bleſſes,
T'a comblé de ſes largeſſes
Plus qu'aucun autre mortel.

Déja je me fais entendre;
Tes remords parlent pour moi:
Réponds, tâche de m'apprendre
Pourquoi tu détruis ma foi.
Dans la Divine parole
Que trouves-tu de frivole?
Quel bandeau peut t'aveugler?
Sois mon Oedipe toi-même;
Eſt-ce ton cœur qui blaſphême?
Ton eſprit veut-il briller?

Du ſentiment populaire,
Adverſaire trop outré,
Avec le nombreux vulgaire,
Tu rougis de penſer vrai.
Que je vois d'eſprits ſublimes
Suivre, en enfans, les maximes
Que me dicte Jeſus-Chriſt!
Maximes vraiment Divines,
Les Corneilles, les Racines
Vous ont ſoûmis leur eſprit.

Qu'à ton exemple, plus ſage,
Un peuple d'Adorateurs
Ceſſe enfin de rendre hommage
A tes talens enchanteurs.
Que t'importent, des Théâtres
Les loüanges idolâtres?
Tu n'en es point honoré: *
C'eſt combattre ton ſiſtéme,
Tu connois un Dieu ſuprême,
L'as-tu jamais adoré?

On te croiroit, à t'entendre,
Le fléau du préjugé;

* Voltaire, dans ſon Epître à Uranie, dit que Dieu n'eſt point honoré par nos hommages.

C'en eſt un de le prétendre,
Tu n'en es point dégagé.
Se fuir, ſe vouloir ſéduire,
Juger, ſans oſer s'inſtruire,
Te voilà; tu le ſens bien:
Peut-être, encor plus étrange,
Qu'aujourd'hui le culte change,
Demain tu ſeras Chrétien.

Voltaire, rends-toi juſtice,
Je te peins par ce ſeul trait;
Tu reconnois ton caprice
A ce fidéle portrait.
Orguëilleux de ton génie
Tu n'aveugles Uranie,
Que pour te diſtinguer mieux.
Nouvel Ange de lumiére,
Tu retraces ſur la terre
L'orguëil qu'il eût dans les Cieux.

Tu prétends, nouveau Lucréce,
Et tu le prétends en vain,
Du culte que je profeſſe
Rompre le bandeau Divin.
Ah! conſulte mieux ta gloire;

Tu difames ta mémoire
Par tes ſiſtémes Anglois.
De Pekin, Biſance & Rome
Penſes-tu détourner l'homme
Pour le fixer ſous tes loix?

Par certains tours énergiques,
Dont on aime les beautés,
Chez toi des erreurs antiques
Ont un air de vérité.
Tu ſais , ſéducteur inſigne,
Ne nous laiſſer aucun ſigne
Que tes Docteurs ont écrit.
Ton art fait tout ton ſolide;
Ton Déïſme eſt inſipide
Sans le ſel qu'y met l'eſprit.

A tes qualités ſublimes,
J'éleverois des Autels;
Mais tes ſacriléges rimes
Les rendroient trop criminels.
Par quelle bizarrerie
De ta brillante Patrie
Es-tu l'opprobre & l'honneur?
Des vertueux & des ſages

Paſchal a tous les ſuffrages ;
Eſt-il moins illuſtre Auteur ?

Plus un rare eſprit pénétre,
Je le confeſſe avec toi,
Plus il a peine à ſoûmettre
Ses ſentimens à la Foi ;
Mais ſans elle il ne lui reſte
Que la reſſource funeſte
De demeurer incertain.
Sous la Sageſſe infinie,
D'où part ſon rare génie,
S'il penſe, il plira ſoudain.

J'apperçois ſous le tonnerre,
Si j'y jette un œil ſavant,
Tous les cultes de la terre
Se former, changer ſouvent.
Tout-à-coup, ſous ſon empire,
J'en vois un ſeul les réduire ;
Il eſt ſtable, c'eſt le mien.
Numa, ta loi politique,
Céde au dogme évangélique,
Et l'univers eſt Chrétien.

Tout prouve que mon hommage
N'eſt point l'œuvre d'un humain ;
J'en croirai le témoignage
De tout l'Empire Romain.
Dois-je à mon culte, infidéle,
En croire Socin & Baile,
Qui me laiſſent dans la nuit ?
Que ton Roi te ſoit, Voltaire,
Un exemple ſalutaire ;
La mort vient, le remords ſuit.

L'ART D'AIMER.

A MADAME ***.

L'Amour veut un culte ſuprême,
Il veut dominer ſeul ſur ſes adorateurs :
Les autres paſſions l'énervent à l'extrême ;
Il faut n'obéïr qu'à lui-même,
Si l'on veut reſſentir ſes plus vives faveurs.
Que d'amans ſont ſouvent vainqueurs,
Sans joüir comme il faut, ſans ſavoir comme on aime !
Hélas ! l'amour, dans plus d'un cœur,
Eſt moins ſentiment que fureur !

En vain l'aimable & tendre Ovide,
Inſtruit par les amours, a fait un art d'aimer:
De ce Livre charmant tout le monde eſt
avide;
Mais c'eſt moins pour trouver un guide
Que pour voir des portraits qui peuvent en-
flammer.
Ses leçons ſur l'art de charmer
Au commun des humains n'offrent rien de
ſolide.
Hélas! l'amour, dans plus d'un cœur,
Eſt moins ſentiment que fureur!

Souvent l'amant le plus vulgaire
Attrape le maintien d'un amant délicat;
Langage, ardeurs, ſoupirs, il ſait tout
contrefaire.....
Beau ſexe, il veut ſe ſatisfaire:
Craignez de ſuccomber, vous feriez un
ingrat.
Des ſermens faites peu d'état;
Etudiez long-tems l'amant qui veut vous
plaire.
Hélas! l'amour, dans plus d'un cœur,
Eſt moins ſentiment que fureur!

Vous le ſavez, belle Silvie,
Tout reſpire dans moi l'aimable volupté:
D'une conſtante ardeur, ma tendreſſe eſt ſuivie;
J'aime uniquement dans la vie
Les ſentimens, l'eſprit, les graces, la beauté.
Puiſſai-je enfin être imité!
Mon ame à découvert feroit peut-être envie.
Hélas! l'amour, dans plus d'un cœur,
Eſt moins ſentiment que fureur!

ÉPIGRAMME.

UN Moine à barbe, exploitant bonne Sœur,
Réïtéroit ſouvent ce doux labeur.
Ah! c'eſt aſſez, finiſſons, lui dit-elle,
On ſonne au Chœur; je vais où Dieu m'appelle.
Eh quoi, ſi vîte? Encore un pauvre *Ave*,
Encor, ma Sœur, & puis je me retire.
Qu'un *Ave?* Soit: voyons, je vais le dire;
Ça faites donc, j'y joindrai le *Salve*.

LA COQUETTE.

DANS vieux & modernes Grimoires
J'ai lû maintefois les hiſtoires
Des amoureux infortunés,
De ces amans toûjours bernés
Par des attentes illuſoires,
Et dont les ſoupirs ſurannés
N'ont jamais été méritoires.
J'en ai vû de mal-entendus,
Qui, de rage, ſe ſont pendus;
D'autres (c'eſt pis que de ſe pendre)
Qui voyant leurs vœux aſſidus
Rejettés, mocqués, confondus,
Sans eſpoir, n'oſant plus attendre
Qu'on aimât leurs individus,
Moines froqués ſe ſont rendus.
Je vous plains ſur-tout, ſots tondus;
Mais, ma foi, vos burleſques peines
N'avoient point égalé les miennes.
J'aime, que dis-je? Je ſuis fou,
Mais fou juſqu'à perdre le cou,
D'une comique créature,
Jeu groteſque de la nature,

Qui, du côté de la figure,
Sans qu'elle a les yeux d'un matou,
Tiendroit en tout du Sapajou.
Très-épaiſſe eſt ſon encolure;
Son corps maſſif en feroit trois:
Parée, ainſi que ſa parure,
Sa taille égale ſon minois.
(Mon bon goût brille dans ce choix.)
Quant au reſte de ſa ſtructure,
Je n'en dis rien pour cette fois;
Car auſſi cruelle que laide,
En vain, je la preſſe & l'excéde;
En vain, je meurs à ſes genoux,
Jamais la Coquine ne céde;
Elle égratigne, entre en courroux,
Et traite mes tranſports de fous.
Elle a raiſon, oüi, je l'avouë;
Mais cette raiſon, que je louë,
Parle bien foiblement au cœur,
Quand l'amour en eſt le vainqueur.
Convaincu que c'eſt une tache
D'idolâtrer pareil objet,
Et d'en être fou ſans ſujet,
Souvent je me plains, je me fâche
De ſoupirer ſans nul effet;

Elle en rit : je la prens, je tâche
De la réduire tout-à-fait ;
(Car sa résistance m'attache.)
Pour empêcher mon sot projet,
Elle appelle, on vient, & je lâche.
(Dans ces quarts d'heure amoureux
Un témoin est toûjours fâcheux.)
Je vois pourtant que ce manége
Flate son petit esprit vain :
Elle m'agace, elle m'assiége,
Par fréquens baisers elle alége
Le très-ridicule chagrin
Que j'ai de voir son bras mutin
Toûjours me repousser la main.
Son orguëil donne un privilége,
Son cœur le refuse soudain.
Le témoin sort, je recommence ;
Même appel, même résistance :
Il lui vient encor du secours :
Une stoïque contenance
Succéde à mes combats trop courts.
Le ris la prend : ma patience,
Quoique j'enrage à toute outrance,
Est le reméde où j'ai recours.
Que faire ? Il faut, par complaisance,

L'écouter. Oh Dieux! quels diſcours!
Quels riens! Quels torrens de paroles!
Que ne ſuis-je au nombre des ſourds!
Jeu, bal, repas, ménage, atours,
Sont les fatuités frivoles,
Dont elle m'entretient toûjours.
Si du moins, ſtable en ſes ſornettes,
Elle m'achevoit un récit,
Fait au babil des femmelettes,
J'écouterois ce qu'elle dit;
Mais, dans ſes verves indiſcrettes,
Diſant beaucoup, n'achevant rien,
Elle ſurpaſſe ces Nonettes,
Que le Ver-vert gloſa ſi bien.
L'hiſtoire d'hier eſt la même,
Dont elle m'aſſomme aujourd'hui.
Je veux fuir; un attrait ſuprême
Me force à vaincre mon ennui.
Pour rompre, je parle ſiſtéme,
Amour, bel eſprit, ſentiment;
Je veux la fixer un moment.
Elle rend vain tout ſtratagéme,
Je fixerois plûtôt le vent.
Aſſez bien la droline chante;
Mais toûjours chanter... j'en ſuis las.

Demandez-moi donc qui me tente
Dans cet objet, dont je fais cas.
Son cœur est bon ; sans lui déplaire,
Je lui dis maintes vérités ;
Et ces vers, que je viens de faire
Dans un quart d'heure de colére,
Sans courroux seront écoutés.

CHANSON.

APOLOGIE DU JANSENISME.

Sur l'Air : *Grands Philosophes, je vous blâme.*

NArgue du dogme Moliniste ;
Sa nouveauté ne peut que m'allarmer.
Vive le Parti Jansenïste ;
Il ne prescrit à mon cœur que d'aimer.
Je reconnois, & je sens que les graces
Sont toûjours efficaces ;
Car une beauté
Agit avec liberté
Sur ma volonté.

QUI-PRO-QUO,

Sur l'Air : *Des Folies d'Eſpagne.*

C'Eſt bien à tort qu'à la Vierge on
m'égale,
Dit Sœur Agnes, d'un ton tout ingénu ;
Je connois l'homme, & cette humble veſ-
tale,
Plus pure encor, ne l'a jamais connu.

BOUQUET.

ÇA, ma Muſe, réveillez-vous,
C'eſt trop long-tems être endormie ;
Manon veut de petits Vers doux,
Il faut en faire : allons, ma mie.
Vous ſavez tout ce que je dois
A cette aimable & tendre amie ;
Si je n'obéïs à ſa loi,
Je vais m'en faire une ennemie.
Allons, vîte ſecourez-moi.
Je l'aime ; c'eſt demain ſa fête,

Il lui faut un Bouquet.... Eh quoi ?
Vous faites la ſourde, je crois.
Allons, ma plume eſt toute prête.....
Eh bien ?... J'en enrage, morbleu.
En vain, contre elle je tempête,
Il ne ſort de ma foible tête
Que des Vers à jetter au feu.
Pour un très-orguëilleux Poëte,
Voilà, ſans doute, un triſte aveu.
Jamais de l'impuiſſant Ovide
Le malheur n'égala le mien ;
Sa Corine étoit trop avide,
Et Manon ne veut preſque rien.
Qu'Ovide eût bien fait mon affaire,
Dans les Vers il étoit rompu ;
Il feroit ce que je n'ai pû,
Je ferois ce qu'il n'a pû faire.
Voilà mon fort, voyez, Manon,
Si cela vous convient ou non.
Le Bouquet, que je vous propoſe,
Vaut cent fois mieux que Vers & Proſe.
Dites ſi ce Bouquet vous plaît,
J'irai l'offrir, il eſt tout prêt.

LETTRE

A MADAME DE***.

NON, je ne ſuis point ſatisfait,
Chere Maman, Belle entêtée,
De cette Epître, trop hâtée,
Qu'hier, ſans loiſir & diſtrait,
Je te barboüillai, Dieu le ſait.
Ne penſes pas en être quitte;
De ma colére non petite,
Tu n'as encor vû qu'un extrait.

Comment? Je n'en reviens pas. Tu m'offres du ſirop; je te refuſe opiniâtrement, & plus opiniâtre que moi, tu me l'envoies?

Je ſuis femme, me diras-tu,
L'opiniâtreté fait notre caractére;
Une Madame dégénére
Qui manque de cette vertu.

Et moi, qui ſuis homme, & très homme, je croirois dégénérer, ne t'en déplaiſe, ſi j'acceptois ton ſirop.

Du ſirop à moi! quel préſent!
En eſt-il de plus offenſant?

Ma foi, si sur ce ton tu débutes, la Belle,
J'aurai bientôt de la dentelle,
Une quenouille, des fuseaux,
Et toute la vaine sequelle
Des ragoûts femmelets, sucres, bon-bons, sirops.
C'étoit à quelques Damoiseaux
Que convenoit pareille bagatelle;
Par exemple : au Papa mignon,
Ce doucereux panche-chignon,
Dont les apparences dévotes
Demandent que tu le sirotes :
A cet Abbé, Poupin fiéfé,
Jeune & gentille Demoiselle,
Qui de riens meubla sa cervelle
Pour aller plus de pair avec l'Etat coiffé.

Mais à moi qui me pique de faire un contraste parfait avec ces femmes manquées, il ne falloit offrir que toi. C'est un présent digne d'un homme.

Tout ton aimable individu,
Tout ton petit charmant toi-même
Est un don friand & dodu,
Qui vaut tous les sirops, qui vaut un diadême.

LE NEZ ET LES PINCETTES.

Conte par Piron.

LEs Saints & les Diables enſemble
Eurent toûjours maille à partir ;
Mais ce qui doit nous avertir
Qu'il faut que chacun de nous tremble,
C'eſt que le Serviteur de Dieu
N'a pas toûjours avec le Diable
Tiré ſon épingle hors du jeu,
Ou la Légende eſt une fable.
  Jadis un vieux Saint exiſtoit,
Lequel Apoticaire étoit ;
Car en quelque état que l'on vive,
Eſt ſaint qui veut, noble, vilain,
Voire pis, témoins ſaint Crépin,
Sainte Madelaine & ſaint Ives.
Un jour que pour le bien public,
Manipulant quelques recettes,
Le Diſtilateur en lunettes,
Dans un fourneau, ſous l'alambic,
Fourgonnoit avec des pincettes :
Voici venir le Tentateur,

En intention de diſtraire
Le vigilant Opérateur,
Et d'être ainſi l'inſtigateur
D'un qui-pro-quo d'Apoticaire.
Devant le Saint Monſieur Satan
Culbute, caracole & fringue:
Le fanatique Charlatan
De mille façons ſe diſtingue;
Entr'autres le corps du lutin
Se tourne en cilindre d'étain,
Repréſentant une ſeringue,
Il fait de ſon nez le canon,
Soupirail exhalant la peſte,
De ſa gueule un mortier bouffon,
Et de ſa langue un gros pilon,
Dont le mouvement circulaire
Faiſoit un petit carillon,
Tel qu'au Sabat on peut le faire.
  Des ténébres le Roi Falot
Epuiſa là tout ſon calot;
Mais ce qu'il y gagna fut mince;
Car le bon Saint, ne diſant mot,
Fait cependant rougir ſa pince,
Puis l'adreſſant au nez du Prince,
Vous le lui ſerre comme il faut.

Le Diable fait un ſoubre-ſaut,
Montre de longues dents qu'il grince,
Veut avancer, veut reculer,
Tend les griffes, ſerre la queuë,
Ruë & beugle à faire trembler
Toute la terre & ſa banlieuë.
Cependant en malin ſournois,
L'autre joüit de ſa victoire,
Et fait faire au Diable vingt fois
Le tour de ſon laboratoire,
Juſqu'à ce que, las de ce jeu,
Il renvoya la bête au gîte;
Et pour l'y faire aller plus vîte,
Il lui ſeringua pour adieu
Quelques petits jets d'eau benite.
C'eſt s'en tirer avec honneur:
Heureux le ſaint Pharmacopole,
S'il eût d'une telle faveur
Rapporté la gloire au Seigneur.
Par malheur, en tournant l'épaule,
Le Diable avoit trouvé moyen
Pour ſe dépiquer de ſon rôle,
De jetter au cœur du Chrétien
Un grain de ſa vanité fole,
Dont à ſon tour le Tout-Puiſſant,

Très-mécontent avec juſtice,
Châtia le Saint, en laiſſant
Triompher un tems la malice
Du maudit lion rugiſſant,
Dont voici quel fut l'artifice.
Il s'enveloppa d'une peau
De ces gens chargés de cuiſine,
Maſſe de chair faite en tonneau,
Péſante, eſpéce de pourceau,
Qui roule ici-bas ſa machine,
Et qui pliant ſous le fardeau,
Sur deux pieds quelquefois chemine
A la Ville & dans le quartier,
Où le Saint faiſoit ſon métier.
Le maſque à figure maſſive,
En Moine de Cîteaux arrive,
Va deſcendre chez le Baigneur,
Se met au lit, fait le malade,
Et mande le premier Docteur
Qui vient lui débiter par cœur
Cent mille & une coïonade,
Et termine le ſot narré
Par la formule réguliére
Du *cliſterium donare*
De la faculté de Moliére.

Là paroît l'humble Apoticaire,
Tout prêt à donner de ſa main
Avec ſa mine débonnaire
Le remède chaud & benin.
Dieu des Vers & de la Peinture,
Aidez-moi dans cette avanture.
Voilà tout bien appareillé,
Le Mouſquetaire agenoüillé,
Et le malin corps en poſture:
Mais, quoique longue outre meſure,
La canule n'arrivoit point
A mi-chemin de l'embouchure;
Pour que tout donc aille à ſon point,
De deux valets l'effort s'y joint,
Chacun d'eux du feſſier difforme
Prend une part, la tire à ſoi,
Et de l'Ennemi de la Foi
Préſente le podex énorme.
Le Collateur un peu butor,
Qui malgré cela craint encor
De s'égarer dans la bruyére,
Et qui pour ſes péchés de plus
Etoit un peu court de viſiére,
Met le nez ſi près du derriére,
Qu'il eſt à deux doigts de l'anus.

C'eſt où mon drôle attend ſon homme ;
On ne peut trop admirer comme
Droit au-devant la bague alla,
Et d'elle-même s'enfila.
Alors ſur chaque jouë on laiſſe
Retomber l'une & l'autre feſſe :
L'impitoyable Lucifer
A cris, ni pleurs ne veut entendre,
Et change en tenailles d'enfer
L'endroit où le nez s'eſt fait prendre.
Ah ! vous avez beau trépigner,
Vous voilà pris, l'homme aux pincettes,
C'eſt à vous de vous réſigner ;
Car de la façon dont vous êtes,
Vous ne pouvez pas vous ſigner.
Il dit, & plus fier de ſa proie
Que ne le fut le beau Paris
Rapportant la ſienne de Troie,
L'infame raviſſeur déploie
Ses aîles de chauve-ſouris,
Et s'éleve en l'air avec joie.
Spectacle horrible & ſcandaleux
Au cul du Démon cauteleux,
Et de qui triomphe la fraude ;
L'un d'entre les Prédeſtinés,

Un Saint en l'air & par le nez
Pendu comme une gringuenaude.
Ainſi ſur le ſaint homme Job
Le Dieu d'Iſaac & de Jacob,
Jadis de la même puiſſance,
Toléra l'affreuſe licence,
Et bientôt ſut y mettre fin,
Auſſi mit-il ici la main.
Le Saint reconnut ſon offenſe;
Dieu tonna; le malin eſprit
Ouvrit la pincette maudite;
Et de la foire qui lui prit,
Aſpergeant le nez du contrit,
Adieu, lui dit-il, quitte-à-quitte.

LA MULE DU PAPE.

FRERE très-cher, on lit dans ſaint Matthieu,
Qu'un jour le Diable emporta le bon Dieu
Sur la Montagne, & là lui dit, beau Sire,
Vois-tu ces mers, vois-tu ce vaſte Empire,
Ce nouveau monde inconnu juſqu'ici,
Rome la grande & ſa magnificence?

Je te ferai maître de tout ceci,
Si tu veux me faire la révérence.
Notre Seigneur, ayant un peu révé,
Dit au Démon, que quoiqu'en apparence,
Avantageux le marché fût trouvé,
Il ne pouvoit le faire en confcience,
Ayant toûjours oüi dire en fon enfance,
Qu'étant fi riche on fait mal fon falut.
Un tems après notre ami Belzébut
Alla dans Rome; or c'étoit l'heureux âge
Où Rome étoit fourmilliére d'Elûs:
Le Pape étoit un pauvre perfonnage,
Pafteur de gens, Evêque, & rien de plus.
L'efprit malin s'en va droit au Saint Pere,
Dans fon taudis l'aborde, & lui dit, frere,
Si tu voulois tâter de la grandeur;
Si j'en voulois, oüi par Dieu, Monfeigneur;
Marché fut fait, & voilà mon Pontife
Aux pieds du Diable, & lui baifant la griffe:
Le farfadet, d'un ton de Sénateur,
Lui met au chef une triple couronne;
Prenez, dit-il, ce que Satan vous donne,
Servez-le bien, vous aurez fa faveur.
O! vous Papes, voilà l'unique fource
De tous vos biens, comme favez, & pour ce

Que le Saint Pere avoit en ſon tracas
Baiſé l'ergot de Monſieur Satanas :
Ce fut depuis choſe à Rome ordinaire,
Que l'on baiſa la Mule du Saint Pere.
Que s'il advient jamais que ces Vers-ci
Tombent ès mains de quelque galant homme,
C'eſt bien raiſon qu'il ait quelque ſouci
De les cacher, s'il fait voyage à Rome.

LE NOUVEAU ROI DES GRENOUILLES, OU LE P. J. DANS UN FOSSÉ.

STANCES LIBRES.

Vous, qu'on vit autrefois ſur le haut du Parnaſſe
Folâtrer avec du Cerceau, (a)

(a) Jéſuite qui a compoſé des Vers ſur des ſujets aſſez plaiſans.

Venez, badine Muſe, animant mon audace,
Guider mon timide pinceau.

Souffrez aujourd'hui que je chante
Sur les bords du ſacré valon
Une avanture aſſez plaiſante,
Pour dérider les ſourcils d'Apollon.

Près des lieux où périt Charles le Téméraire, (*b*)
S'éleve une Maiſon, (*c*) dont l'aſpect enchanté
Auroit ſans doute de quoi plaire,
Si l'on pouvoit y vivre en toute liberté.

Mais un nombreux eſſain de folâtre jeuneſſe, (*d*)
Dont, ſur ma foi, le meilleur n'en vaut rien,
A l'entour de ce lieu court, va, revient ſans ceſſe,
Pour voir ce qui s'y fait, ou de mal, ou de bien.

(*b*) Dernier Duc de Bourgogne tué devant Nancy, en aſſiégeant René dans ſa Capitale.

(*c*) Maiſon de Campagne des J***.

(*d*) Les Ecoliers rodent ſans ceſſe autour de cette Maiſon.

Encor, ſi l'on pouvoit de quelque épais
ombrage
Parer les traits malins qui partent de leurs
yeux ;
Mais, ô douleur ! ô déſeſpoir ! ô rage !
Il n'eſt point d'ombrage en ces lieux.

Pour ſurcroît de malheur, une race méchante
D'animaux, (*e*) dont la terre enferme les
foyers,
Vient ronger l'écorce naiſſante
De nos jeunes Poyriers.

Bien en prit au vieillard, (*f*) qui donna
des chauſſures
A nos tilleuls craintifs, à nos foibles ormeaux ;
Moins pour les garantir des piquantes froidures,
Que de la triſte dent de ces vils animaux.

Sans les ſoins empreſſés du Barbon charitable,

(*e*) On voit près de-là une garenne qui fourmille de lapins.

(*f*) Le P. J. garniſſoit le pied des arbres de vieux lambeaux de ſoutanes.

Ces lieux deſtinés aux plaiſirs,
Ne ſeroient aujourd'hui qu'un déſert ef-
froyable,
Séjour de pleurs & de ſoupirs.

Mais c'eſt trop exhaler la douleur qui m'inſ-
pire:
Allons au fait, & ſans détour;
Aujourd'hui, Muſe, il nous faut rire,
Nous pleurerons un autre jour.

Décrivez-nous l'entrée où ſe paſſa la ſcéne
Que je vais dans mes Vers tranſmettre à nos
neveux;
Venez, Muſe, échauffer ma veine,
Point de trait qui ne ſoit heureux.

D'abord ſe préſente à la vûë
Un large & vaſte enclos qu'enferme un
grand conduit:
Une porte à demi rompuë
Sépare en deux un mur (g) que la terre a
produit.

A peine a-t'on franchi cette porte admirable,

(g) Une haie vive.

Qu'on voit un Pont, mais des plus beaux ;
Dédale (*h*) y travailla, ſi l'on en croit la ſable,
Au ſortir des priſons du farouche Minos.

Divine fille de mémoire,
Décrivez-nous ce Pont, ce magnifique Pont,
Rendez-le plus fameux, s'il ſe peut, dans l'Hiſtoire,
Que celui qu'un grand Roi (*i*) jetta ſur l'Helleſpont.

Six aix cloués ſur deux ſolives,
Par tout du ſable répandu ;
Voilà ce qui, ſur les deux rives,
Forme en peu le Pont prétendu.

A droite on voit un trou couvert d'une faſcine,
A gauche un plus petit, plus traître (*k*) & plus trompeur,

Fait

(*h*) Architecte de l'antiquité, qui bâtit le fameux Labirinthe de Créte, dans lequel il fut enſuite empriſonné par Minos, Roi de l'Iſle, & dont il s'envola avec des aîles de cire.

(*i*) Xerxès, Roi de Perſe, couvrit l'Helleſpont de vaiſſeaux.

(*k*) C'eſt le trou qui fit tomber le P. J.

Fait que, ſur toute la machine,
Le plus hardi Champion ne marche qu'avec peur.

Au-deſſous un foſſé, large de ſix coudées,
Profond de cinq (ſi je puis bien juger)
Contient des eaux ſi fort conſolidées,
Que jamais l'œil ne les a vû bouger.

C'eſt au fond de cette eau verdâtre & croupiſſante,
(Comme on le dit en ces climats)
Que la Nation croaſſante
Tous les Jeudis (*l*) en pompe aſſemble ſes Etats.

Depuis mille ans, ce Peuple au vieux fils de Cybele
A grands cris demandoit un Roi,
Qui pût par des Arrêts d'une forme nouvelle
Corriger les abus, & rétablir la loi.

Sa demande long-tems fut inutile & vaine;
Mais un jour il cria ſi fort,

(*l*) C'eſt ordinairement les Jeudis que les J... vont à la campagne.

Que Jupin en laiſſa tomber ſa coupe pleine,
Et que ſon aigle en prit l'eſſort.

Vertu-mort, s'écria le Dieu tout en colére,
De quel front vient-on m'inſulter ?
Moi, le Maître des Dieux, l'arbitre du tonnerre ;
Et je pourrois y réſiſter !

Qu'on m'apporte au plûtôt ma foudre,
Je veux exterminer ces importuns marauds ;
Oüi, je veux les réduire en poudre ;
Vîte ici, Mulciber, fournis-moi des carreaux.

Eh, quoi ? reprit Junon, quoi pour ſi peu de choſe,
Exterminer ainſi le peuple des Marais ?
Pour un peu de Nectar ? Voyez la belle cauſe :
Hébé, verſez-nous-en du meilleur, du plus frais.

Que chacun (*m*) ſuive ici l'exemple que je donne :
A votre ſanté, cher Gogo ;

(*m*) Ce Vers eſt tiré de la Tragédie de Maximien.

Sachez qu'on n'eſt heureux (*n*) que lorſque
l'on pardonne,
Et qu'on boit à tir-la-rigo.

A cette belle & pieuſe Sentence
On vit trois fois tout l'Olimpe applaudir,
Comme on voit aujourd'hui ſur la ſcéne de
France
A de pareils diſcours le peuple s'ébaudir.

A l'inſtant le Dieu rentre au-dedans de lui-
même,
Et blâmant ſon courroux un peu précipité,
Voici, dit-il, chere Epouſe que j'aime,
Voici quelle eſt ma ſtable volonté.

Qu'à ma parole on prête une oreille at-
tentive;
Ecoutez-moi, peuple importun;
Vous demandez un Roi, quoiqu'il vous en
arrive,
Vous le voulez; eh bien, je vous en pro-
mets un.

(*n*) C'eſt une des ſentences de Conſtantin, qui ne parle que par apophtegmes dans cette Tragédie.

Mais gardez-vous, race maudite,
De le traiter ainſi que le Roi *Soliveau*,
Je punirois ce crime autant qu'il le mérite,
J'en jure, & vos Marais ſeroient votre tombeau.

Il dit; & ſecoüant ſa noire chevelure,
Il fit trembler le firmament;
Il tonne, & toute la nature
Sentit que Jupiter avoit fait un ſerment.

Mais en attendant l'arrivée
Du nouveau Roi promis par le Maître des Dieux,
Achevons, Muſe, la corvée,
Montrez-nous ce qui reſte à voir dans ces beaux lieux.

Ne différons pas davantage,
Guidez-mes pas vers la Maiſon;
Je l'apperçois, ô Ciel! quel heureux avantage
D'entrer dans le ſéjour qu'habite la Raiſon!

Tu te trompes; c'eſt là qu'habite la Contrainte,
Et le froid Pédantiſme, & la fauſſe Douceur;

Tous ces noirs habitans ne respirent qu'en
crainte,
Chacun, Censeur d'autrui, trouve aussi son
Censeur.

A deux Divinités propices
Ils font gloire d'offrir chaque jour des pré-
sens;
Les vieux seuls font les sacrifices,
Les jeunes préparent l'encens.

Vois-tu l'Ambition avec sa tête altiére?
Jusques sur l'Empirée elle fixe ses yeux,
Dominant sur la terre entiére,
Elle voudroit encor dominer dans les Cieux.

A ses côtés paroît la Politique habile
Au maintien décevant, au front toûjours
couvert,
Elle prête à sa sœur une main trop facile,
Et feint de la blâmer, pour agir de concert.

Mais entrons, j'apperçois les deux sales ou-
vertes;
Que de tables, bons Dieux! la belle quantité!
De mêts les plus communs ces tables sont
couvertes;

Les mêts communs, dit-on, ſont bons pour
la ſanté.

Plus loin paroît une cuiſine
Preſqu'auſſi blanche qu'un vieux four;
C'eſt en ce bel endroit que Madame Lezine
A fixé pour jamais ſon bienheureux ſéjour.

O la laide figure ! ô la vieille grand'mere !
Je n'y puis plus tenir, je vais la ſouffleter;
Sors d'ici, vilaine Mégére;
Non; moi, j'y veux toûjours reſter.

Que vois-je, on ſe leve de table,
L'un prend ſa canne, & l'autre ſon manteau,
Il n'en reſte plus qu'un, qui jette un verre
en ſable,
Et court comme un perdu rejoindre le troupeau.

Trois ſont déja partis où leur ardeur les
porte;
Il en reſte encor cinq, deux jeunes & trois
vieux,
D'un pas grave & pédant ils marchent vers
la porte,

Ne ſachant pas qu'un Roi ſe trouve au milieu d'eux.

Apprenez-nous, Muſe divine,
Vous, à qui l'avenir eſt comme le préſent,
Apprenez-nous celui que Jupiter deſtine
A commander un jour au Peuple croaſſant.

Il a les cheveux noirs, & les ſourcils de même,
Le nez long, les yeux grands, un front de majeſté ;
Auſſi-tôt qu'on le voit, on l'aime,
Tout prêche en lui la Royauté.

Ennemi de tout artifice,
Excellent cœur, & bon ami,
Il n'aime jamais par caprice,
Il n'aime jamais à demi.

Ses diſcours ſont remplis d'une noble élégance,
Il a du tour, de l'ordre, & beaucoup de bon ſens ;
Auſſi depuis long-tems la divine Eloquence
L'a placé parmi ſes enfans. (*o*)

(*o*) Le P. J. faiſoit le métier de Prédicateur.

Mais tandis que je veux vous le faire con-
noître,
Il eſt déja tombé dans ſes nouveaux Etats
Selon l'ordre de notre Maître,
Les pieds en l'air, la tête en bas.

Sa chûte répand l'épouvante
Parmi le peuple des Marais,
Et cette nation tremblante
Crut être perduë à jamais.

Raſsûrez-vous, peuple timide,
Accourez, & venez ſaluer votre Roi ;
Son bras n'eſt pas armé d'un acier homicide,
Il vient en paix faire obſerver ſa loi.

Ce n'eſt plus cette hidre terrible
Qui croqua jadis vos ayeux,
C'eſt un homme doux & paiſible,
C'eſt un Roi conforme à vos vœux.

Sa bouche n'eſt point meurtriére,
Sous ſa langue jamais on ne trouva de fiel,
Il vous apporte un cœur de pere,
Un cœur confit dans le ſucre & le miel.

Vous verrez ſous ſes loix la paix & l'abondance

Regner de nouveau parmi vous;
Du ſerpent venimeux la brutale inſolence
Tombera ſous ſes coups.

A ces mots j'apperçois la troupe épouvantée
Quitter ſes trous bourbeux, & paroître au grand jour;
Déja ſur la rive montée
Elle vient lui faire ſa cour.

Autour de lui chacun s'attroupe,
C'eſt à qui montrera le plus d'activité;
Mais un ſeul, au nom de la troupe,
Fait ſerment de fidélité.

Chacun ſe dit en ſon langage,
Qu'il eſt aimable, qu'il eſt beau!
Il ſera déſormais notre unique partage;
Il vaut mille fois mieux que le Roi *Soliveau*.

ÉPIGRAMME.

QUE penſez-vous de l'Auteur d'Uranie?
Vous l'avez vû Poëte, Hiſtorien,
Critique amer, hardi Pirronien,
Sur tous ſujets exerçant ſon génie;

Vous le voyez Anti-Cartésien,
Ami du vuide, Anglois à toute outrance,
Est-ce tout? Non. Grace à son inconstance;
Je le prédis, vous le verrez Chrétien.

LES DEUX RATS.

AU bon vieux tems, lorsque Berthe filoit,
Et que mainte Bête parloit,
Mieux que ne font nos Docteurs de Sorbonne,
On dit que certaine Mitronne,
Un soir comme elle pétrissoit,
Se sentit vivement mordre par une puce,
Sur le bord d'un certain endroit,
Par où l'Hermite Frere Luce
Fit croire que d'Agnes un Pape sortiroit.
Sur le champ la Mitronne adroite
Surprit cette puce indiscrette,
La pressant, le col lui tordit,
Puis après sa besogne faite,
Auprès de son Mitron elle se mit au lit.
Or, quand la puce elle avoit dénichée,

La pâte de ſes doigts qui s'étoit attachée
Aux plumes de l'oiſeau que je ne nomme pas,
Attira dans le lit deux Rats,
Dont le nez fin l'avoit flairée ;
En tapinois venus pour en tâter,
Ils commençoient à grignoter,
Quand le Mitron ſentant ſa pâte bien levée,
Se mit en devoir d'enfourner ;
Les Rats le voyant ſe tourner,
L'un étourdi de peur, tremblant, tête baiſſée,
Dans le plus prochain trou bruſquement ſe jetta,
Et l'autre auprès tapis reſta.
Le Mitron, beſogne achevée,
Se recoucha ſur le côté ;
Les priſonniers en liberté
S'enfuirent au grénier à leur gîte ordinaire.
Les voilà ſe queſtionnant,
L'un & l'autre ſe demandant
Comme ils s'étoient tirés d'affaire :
Moi, dit l'un, j'ai donné dedans le pot au noir,
Je ne crois pas qu'on puiſſe avoir
Une plus riſible avanture ;

Je me ſuis fourré dans un trou
Où j'ai crû ma retraite ſûre;
Mais le maudit Mitron m'a bourré tout ſon ſaoul
Avec je ne ſais quoi qu'il pouſſoit à meſure
Que pour ſortir je voulois avancer,
Il m'a coigné le nez, & m'a fait le tapage,
Tant que laſſé du badinage,
Ce gros & long je ne ſais quoi,
Prenant enfin congé de moi,
M'a craché par mépris au milieu du viſage,
Le vilain m'a preſque aveuglé.
Et moi, dit l'autre tout troublé,
Dans l'encoignure d'une cuiſſe,
Sans groüiller, m'étant cantonné,
Témoin impatient d'un ſi fort exercice,
Pendant qu'il te coignoit le nez
Avec ſa cheville ouvriére,
Qui te cauſoit tant de ſouci,
Deux boules qui pendoient à ſon chien de derriére,
Sans ceſſe allant, venant, coignoient mon nez auſſi.

L'Y GREC *ou* LA FOURCHE.

MONSTRES ne ſont ſi rares que l'on croit:
Certain homme vrai monſtre étoit,
Non de corps, de bras, de tête,
Mais par l'endroit chéri du ſexe féminin,
Et qui ſert à lui faire fête.
Double il étoit cet inſtrument malin,
Fourchu, de plus fait de telle maniére,
Qu'une branche paſſant dans la route ordinaire,
L'autre à l'inſtant prenoit l'autre chemin,
Et ſourdement enfiloit le voiſin.
Mainte belle, avec complaiſance,
Avoit ſenti la double expérience
D'un tel prodige & gardoit le tacet
Sur le cas qui n'étoit pas net.
Or, il advint que notre perſonnage
D'une Veuve dévote & ſage,
Fit emplette, & ſe maria.
A ſon devoir la premiére nuitée
La Veuve inſtruite ſe rangea;
Mais auſſi-tôt ſe ſentant perforée
En certain lieu d'où le pauvre défunt
N'avoit jamais tiré ſon alumelle,

Traitant d'abomination
Cette double intromiſſion,
Jura que déſormais la perfide entrepriſe
N'auroit ſuccès qu'après déciſion
Exprès donnée en conſultation
De notre Mere ſainte Egliſe.
Auſſi-tôt Docteurs conſultés,
Docteurs herminés & froqués;
Mais toute la Gent Sorbonique
Devint muette & ſans replique;
Et les illuſtres ignorans
Renvoyerent l'affaire au Pere des Croyans.
Au Pape donc l'affaire fut portée,
Puis au Conſiſtoire traitée;
On étala grande érudition,
On foüilla dans l'hiſtoire & profane & ſacrée;
Camuſe cependant ſur la ſolution
Fut la ſacré-ſainte Aſſemblée:
Plus vivement encore on conſulta Sanchès,
Eſcobard, Tambourin, Lenès.
Ces pieux & ſavans Dépôts
N'offrirent à leur ouverture
Que ſotiſes hors de propos;
Rien de certain ſur l'avanture,
Leur embarras détermina l'affaire

En faveur du monſtre Mari,
Et la Réponſe du Saint Pere
Fut, *Gaudeant benè nati.*

ÉNIGME.

JE ſuis une plaiſante choſe,
Qui peut avoir environ
Six à ſept pouces de long ;
Je ne ſers point quand on repoſe,
Quand je pens je ſuis hors d'emploi ;
Dès qu'on veut ſe ſervir de moi,
Alors une main féminine
Me prend, me ſecouë & badine ;
Puis après le jeu me conduit,
Ainſi que mon fidéle guide,
Dans une fente fort humide,
Comme en mon naturel réduit ;
Là, j'entre autant que l'on me pouſſe :
Après mainte & mainte ſecouſſe,
Si l'on me retire dehors,
Je ſuis tout moüillé quand je ſors.
C'eſt par ce plaiſant exercice
Qu'au genre humain je rends ſervice ;
Mais ſi par malheur rebuté,

Ou trop vainement excité,
On ne peut me mettre en uſage ;
C'eſt alors grand bruit au ménage.
Oh ! vous tous, qui liſez ceci,
Le détail de mon ſavoir faire,
Si vous me devinez, vous pouvez ſans miſtére
Me nommer, car de moi vous vous êtes ſervi.

ÉPIGRAMME ſur le C. de S. F....

JE ſuis un animal d'équivoque nature,
Comédien, eſcroc, dévot, plein de fer-
veur ;
J'éleve un temple au Créateur,
En filoutant la créature.

ÉPITAPHE pour Jean Céſar Rouſſeau de la Pariſiére E.... de N.... décédé le 15. *Novembre* 1736.

ICı gît un Prélat d'empruntеuſe mémoire,
Qui toûjours prit, & jamais ne rendit:
Seigneur ! s'il eſt dans votre gloire,
Il n'y peut être qu'à crédit.

LETTRE

LETTRE

De la Baronne de Roupillac à Madame des Etoiles, au sujet d'une Brochure intitulée : L'Ennui d'un Quart-d'heure *de feu Mr. l'Abbé... aujourd'hui Mr. de la Mare tout court.*

QUe de graces, Mademoiselle, j'ai à vous rendre ! De quel service ne vous suis-je pas redevable ! Oüi, ma reconnoissance sera toûjours au-dessus du bienfait, je ne le sens que trop ; mais du moins j'ai la consolation de vous devoir presque la vie : car, peut-on vivre sans dormir ? Et avant le bienheureux paquet d'écrits modernes que vous m'avez fait tenir, je ne dormois pas plus qu'un vrai lutin. En ouvrant votre Lettre, j'ai trouvé une liste de sujets récréatifs : elle débute par *l'ennui d'un quart-d'heure* ; & voilà justement mon Esculape. Asurément votre amitié toûjours tendre & prévenante, a deviné qu'une cruelle insomnie me tourmentoit depuis bon nombre de jours, & une guérison aussi prompte, d'une migraine violente, ne pouvoit m'être procurée plus à propos par la personne du monde la plus prétieuse à ma tendresse.

Que veut dire ce prélude embroüillé, direz-vous, peut-être, Mademoiselle ? *je ne comprends rien à ces propos ridicules :* patience, voici le débroüillement du cahos.

Je lis ordinairement avant de me livrer aux douceurs du sommeil, qui me fuit bien souvent, & qui me vend bien cher ses douceurs ; car j'ai soixante ans passés. Ah ! qu'à votre âge, jeune & belle souchette, il étoit d'instans où Morphée me prodiguoit ses faveurs, après avoir goûté des plaisirs, dont les Dieux auroient même été jaloux. Ma jeunesse éclipsée ne me laisse que le regret de ne pouvoir rajeunir, & n'a point diminué la paſſion que j'ai toûjours eû pour les amuſemens d'une vie aimable. Les vieilles rediſent toûjours, je reviens.

Le ſoir donc, je me trouve dans des ouvrages ingénieux (pas ſi ſouvent que je le ſouhaiterois) la matiére a des ſonges agréables, dont la douce impoſture charme le tems délicieux de la nuit. Renduë, ſuivant ma coûtume, à mes livres, le jour même de votre envoi reçû, je ſaiſis avec empreſſement *l'ennui d'un quart-d'heure;* je me mets en ſituation commode pour repaître moins mes yeux que mon eſprit & mon cœur des nouveautés contenuës dans la brochure que j'ai à la main : je touſſe, je crache, je recüeille toute mon attention, j'ouvre & je lis, je continuë, j'acheve ... Mais, ô vertu divine répanduë dans cette merveilleuſe feüille ! j'ai brillé, & le ſommeil m'a ſurpris ſans être invoqué.

Depuis dix ans fortune pareille ne m'étoit arrivée.

Je le soûtiens, Apollon a inspiré le pere de ces Poësies, & il a prouvé par ses rimes ennuyeuses, qu'il étoit autant le Dieu de la médecine que de l'harmonie. Tout l'opium & la thériaque de la docte Faculté des Pharmacopoles n'auroient pas opéré aussi sûrement que *l'ennui d'un quart-d'heure*, dont le tître, aussi modeste que l'Auteur, ne me dispense pas de lui dire qu'il m'a fourni de *l'ennui* pour plus d'un siécle ; si je pouvois vivre autant, je consentirois à partager ce soporatif avec nos neveux les plus reculés ; car ne trouve-t'on pas dans le monde les *ennuis* immortels, & la joie trop courte ?

Ce *la peste me tuë*, que l'Observateur du Parnasse a relevé judicieusement, est une expression du bel air, n'est-il pas vrai, Mademoiselle ? Mr. de la Mare fréquente les cercles où regnent la galanterie & les petits Maîtres d'une eſpéce tranſcendante.

Vous me mandez , Mademoiſelle , que l'Auteur publie , avec complaiſance , les éloges qu'il prétend lui être dûs ; j'y ſouſcris , & ne le regarde point du tout comme un Habitant de la Garonne , quoiqu'il en ait le mérite & la vivacité , je dirai avec vous que ...

Ennemi du menſonge & de la jalouſie,
On ne le vit jamais bleſſer la vérité ;
Organe de la modeſtie,
Son Apollon eſt la ſincérité ;
Pour lui Pégaſe oublia ſa fierté,
Clio devint plus ſage , & moins coquette,
Melpoméne à ſa ſœur cadette
Fit part de ſes talens & de ſa gravité ;
Thalie à ſon tour plus ſévére,
Lui donna ces attraits, ce vif, cet enjoüement,
Ces yeux fripons qui ſavent plaire ,
Et regner à leur gré ſur le cœur d'un Amant.
La Mare ſut vaincre les plus cruelles,
Et les neuf ſœurs, ces divines pucelles,
A la virginité préfererent l'amour :
Nouvel Endimion, de ces tendres Déeſſes,

Il reçût maints baiſers, faveurs, bon-bons, careſſes.
Apollon, obligé de lui faire la cour,
Quitta les rives du Permeſſe,
La Mare pour jamais, ſans eſpoir de retour,
Fut le Dieu qu'encenſa Cypris & la moleſſe.

La fortune, Mademoiſelle, rougit des fautes du deſtin ; eſt-elle proſpérée ? l'on oublie les loix de la nature, & l'on déroge aux dégrés du ſang le plus proche : le Poëte des *ennuis* en eſt une preuve vivante. Je vois que ce petit ingrat, en grimpant à la double cime, a changé ſon véritable nom : je l'ai connu à Paris ; on l'appelloit Mr. l'Abbé *Croque-chenille*, & Mr. *d'Hoſier* lui-même n'auroit pas été plus heureux dans la découverte d'aucune généalogie.

Je vous envoie un extrait autentique d'un parchemin que je poſſéde, il eſt unique ; Mr. *Croque-chenille* m'a ſollicité plus d'une fois de m'en défaire en ſa faveur, pour être fondé en raiſon en cas des ſucceſſions à récüeillir. Je conçois que le dépit & la gloire l'ont dégoûté de sa vraie naissance. Je lui pardonnerai cette boutade, s'il veut passer le reste de l'automne à ma campagne, & je lui rendrai l'original timbré, dont je fais pour vous une copie, en attendant le plaisir de le voir.

Admirable & incomparable Transition de l'Abbé de la Mare en Escargot, & ce qui advint d'icelle.

OYEZ, grands & petits,
Ce dont vous serez ébahis.
Entre le Franc & l'illustre Voltaire,
Cruels débats survinrent l'autre jour;
L'un vouloit, à son ordinaire,
Nous ennuyer d'un fade amour;
L'autre, plus docte & moins ignare,
Soûtenoit que l'amour énervoit les esprits,
Et qu'il ne vouloit point d'éloges à ce prix.
Le Franc s'irrite, en appelle à la Mare:
Or qu'advint-il? Notre nouveau Midas
Se leve, & bientôt vous décide,

En faveur de la Zoraïde.
Voltaire pour cela les armes ne mit bas;
Il vole au Temple de Mémoire,
A Melpoméne explique net le cas:
Phébus, inſtruit de cette hiſtoire,
Réſolut de punir notre Juge ignorant.
Par ſubite métamorphoſe
La Mare, hélas! comment dire la choſe?
D'homme devint un inſecte rampant;
Le nouvel Eſcargot court ſans retardement
Dépeupler parterres, charmilles
De papillons & de chenilles.
Pour recompenſer ſon ardeur,
On le nomma Croque-chenille,
Et ſur le Pinde avec honneur
Des Eſcargots il orna la famille.

Une preuve nouvelle de cette origine, Mademoiſelle, que j'ajoûte par ſurcroit d'évidence, eſt que je ne vois pas pourquoi ce petit ingrat a changé de dénomination. Il a beau ſe déguiſer, on connoîtra toûjours Mr. *Croque-chenille* à une boſſe qui lui eſt reſtée au front. C'eſt un accident qui lui eſt arrivé le jour d'un grand vent, qui le jetta à terre dans le potager du Parnaſſe. La nature qui lui a donné autant d'eſprit qu'à Eſope, a chargé l'art de ſuppléer à ſon défaut. L'art moins habile que la nature, n'a pû lui donner double boſſe, mais il a fait une éminence ſur le front de notre Poëte, qui, bien loin de changer un ancien nom, auroit dû en prendre un nouveau le jour de cette avanture, qui, ſuivant quelques malins trop véridiques, a une origine du cinquiéme étage.

Cette addition devroit les tenter, Mademoiſelle, ſur-tout quand on eſt friand de gloire, & qu'on cherche à briller par les *ennuis*. Scipion n'a-t'il pas été ſurnommé l'Africain, Fabius le Temporiſeur ? & une foule de Conquérans, que je pourrois citer, n'ont-ils pas brigué des noms qui paſſaſſent à l'immortalité.

Je propoſe à Mr. *Croque-chenille* le ſurnom de *Dufront :* je me regarderois bienheureuſe, s'il vouloit adopter un intrus qui demande un quartier dans l'écuſſon de ſa gloire. Bon ſoir, mes belles amours, je les aime trop, pour ne pas ſupprimer les façons, je vous embraſſe cent mille fois pour une, votre, &c.

DE ROUPILLAC.

A Frêne ce 19. *Oct.* 1736.

LETTRE

Paſtorale du Révérendiſſime Pancrace Pellegrin, *Patriarche de l'Opéra: A tous les Fidéles de ſon Diocéſe, Salut, &c.*

PANCRACE, Prêtre, & *cætera*,
Patriarche de l'Opéra,
Relevant en plein de Cythère:
A nos Oüailles les Acteurs,
Actrices, Danſeuſes, Danſeurs,
Salut, Indulgence pléniére.
Très-chers Freres, très-cheres Sœurs,
Un grand ſcandale vient de naître

Dans le Temple des Voluptés ;
On attente à nos libertés,
Un Appellant, que dis-je? un traître,
Puis-je autrement le qualifier,
Cet Evêque de Montpellier, (a)
Qui rit des ſaints foudres de Rome,
Qui vit, & prétend mourir comme
Un Auguſtin, un Cyprien,
Et, quoique Prélat, ne doit rien :
Quoi! parce qu'il ſort d'un grand homme,
De Colbert, Miniſtre immortel,
A qui l'Etat doit un Autel,
Pour les beaux Arts dont il fut pere.
Ce Mécréant, ce Réfractaire,
Cet Evêque de Montpellier,
Oſe dans ſa fureur brutale
Sans reſpect excommunier
Sœur Petitpas, digne Veſtale ;
Donc parce que Seigneur Bonnier,
Aux yeux d'une troupe animale,
Couche avec elle ſans ſcandale,
Comme Arbricelle fit jadis,
Il faut crier, allez, maudits :
Eſt-ce donc un Marquis de balle

(a) Feu Mr. de Colbert.

Que Monſeigneur de la Moſſon ?
Je veux apprendre la leçon
A ce petit porteur de mitre,
Et lui demander à quel tître
Il s'inſinuë en mon bercail :
Qu'il apprenne par cette Epître,
Que ſeul en ſuis Paſteur arbitre.
En quelque lieu que le bétail
Soit traduit & mis au travail,
En vertu d'un Bref de Cythère,
Signé par l'Amour & ſa Mere,
Et ſcellé du ſceau du Serrail.
Vit-on Monſeigneur Vintimille,
Prélat ſachant vivre tranquille,
Faire le moindre carillon,
Quand l'an mil ſept cens deux fois ſeize,
Au Magaſin de ſaint Nicaiſe,
En plein midi ſans cotillon,
Sans robe, même ſans chemiſe,
Sœur Camargo, Sœur Peliſſier
Firent danſer leur noir feſſier
Aux yeux de la Ville ſurpriſe ;
Vit-on ce bon Prélat crier,
Malheur à qui nous ſcandaliſe ?
Mais l'Evêque de Montpellier

Pour un rien anathématiſe.
Sait-il, ſi Monſeigneur n'eſt pas
Mari de la Sœur Petitpas?
Qu'il le demande au vieux *Deſtouches*,
Qui pour les mettre chaque ſoir
Dedans la nuptiale couche,
Fit l'office d'Eunuque noir.
Ils ſont époux, je le proteſte;
Car c'eſt moi qui les ai conjoints,
Et l'extrait en eſt manifeſte,
Arlequin & Tribou témoins.
Au commencement de leurs flammes
Rodillardus de Paradis (*b*)
Miaula leur Epithalame,
En galant fêta telle Dame;
Et le Jettonnier de Genlis, (*c*)
Autre Automate Académique,
Au dîner pour quatre loüis,
Vint lire ſon panégirique,
Ainſi que ſouloit l'Embrion:
Si je n'ai pas, dans mon Mercure
Viſé par Martin *Hardion*,
Enregîtré cette union,

(*b*) De Moncrif.
(*c*) L'Abbé Seguy.

Qu'on n'en tire mauvais augure ;
Le Marquis tient ſes nœuds ſecrets ,
Par la peur que les Cadenets (*d*)
N'aillent dans leur humeur revêche
Lâcher ſur lui leur Pigriéche.
Très-chers Freres, très-cheres Sœurs,
Quand donc quelque Prélat ſévére
Troublera la paix de vos cœurs,
Riez de ſa morale auſtére ;
Vous avez le *Committimus*,
Appellez-en, comme d'abus,
Au grand Pontife de Cythère.
Donné dans notre cul-de-ſac,
L'an que le mâtin *Desfontaine*,
Pour avoir lancé le Micmac
D'un des Chefs de la Quarantaine,
Courut long-tems la prétentaine
La nuit comme un vrai loup-garou,
Pour faire enteriner ſa grace,
Le jour tapi comme un hibou ;
Sous notre ſcel, ſigné *Pancrace*,
Plus bas, *la Roque* , Délateur
Du pauvre *Ribou*, le Libraire,
Du Mercure poſtiche Auteur,

(*d*) Mrs. de Luynes étoient trois freres.

Imbécile & très-digne frere
Du grand *la Roque*, l'Antiquaire. (*e*)

LA BOUGIE DE NOËL.

A Piſe, Ville d'Italie,
Habitoit un certain Joſeph d'Alcantaris,
Jaloux de ſa moitié juſqu'à la frénéſie ;
Le fait n'eſt étonnant, Italiens maris
Sont ſujets, comme on ſait, à viſions cornuës.
Celui-ci galant autrefois,
Savoit ſur le bout de ſes doigts
Les rubriques d'amour, même les moins connuës.
Pour mettre donc en ſûreté
Son honneur, ou plûtôt celui de ſon Epouſe,

(*e*) On a vû & ſû le détail de cette avanture. Le Sr. Bonnier vivoit publiquement avec ſa Catin ſous les yeux de l'Evêque, qui les excommunia tous deux. Ils s'enfuirent de Montpellier, & allerent promenant leur ſcandale de terre en terre.

Ceintures de virginité
Vinrent s'offrir d'abord à ſon ame jalouſe;
Mais c'étoit peu pour lui, les plus forts cadenats,
Pour garder ce tréſor, font en vain réſiſtance;
Le drôle le ſavoit & par expérience:
Voici donc ce qu'il fit pour éviter le cas.
Il joignit à cette ceinture,
Vers l'endroit dangereux deux lames de raſoir,
Deux reſſorts les faiſoient mouvoir,
Qui dès qu'on les lâchoit refermoient l'ouverture.
La femme à peine eût reçû ce préſent,
Qu'un billet de ſa part en avertit l'Amant:
L'Amant arrive, il court dans les bras de ſa Belle,
Par des baiſers on prélude un moment;
Mais las de ces faveurs qui croiſſent ſon tourment,
Il en cherche une plus réelle.
Il découvre à ſon gré la porte des plaiſirs,
Et l'obſtacle ne fait qu'irriter ſes déſirs.
Le ſerpent, qui tenta notre commune Mere,
Se réveille d'abord à ces objets charmans,

Et

Et leur fait inventer, dans ces heureux momens,
Les moyens de ſe ſatisfaire.
Des deux reſſorts la Belle en tenoit un,
L'Amant retenoit l'autre, & dans cette avanture,
Le ſerpent ſans trembler ſaiſit la conjoncture,
Et ſe plonge à l'inſtant avec vivacité
Dans le ſein de la volupté:
A cette douce approche on s'emporte, on s'oublie,
On eſt prêt à perdre la vie,
On ne penſe plus, mais on ſent,
Et dans cet effort ſi puiſſant
Le ſerpent ſe trouva la funeſte victime
Des raſoirs échapés, & cet endroit ſi beau,
Trône de ſes plaiſirs, en devient le tombeau.
Au cri de l'homme accourt la Soubrette tremblante,
Elle enmene l'Amant, tandis que ſon Amante,
Ignorant du ſerpent les cruels déplaiſirs,
Joüit confuſément de ſes derniers ſoupirs.
Il fallut tirer le ſerpent,
Et l'embarras étoit comment.

Un tireboure en fit heureusement l'affaire.
L'animal encor furieux,
Ne sortit qu'avec peine écumant de colére,
Quoiqu'il eût les larmes aux yeux,
Sur le lieu de sa sépulture
Il fut question d'opiner.
La Dame paroissoit incline à le garder,
La servante disoit, que ce seroit folie,
Et que besoin n'étoit de l'embaumer,
Tels animaux étant communs en Italie;
Par la fenêtre enfin elle le fit passer.
Une vieille dévote, en allant à l'Eglise;
Car c'étoit, m'a-t'on dit, Noël le lendemain;
Trébuche & laisse échaper de sa main
La lanterne qu'elle avoit prise.
La nuit étoit obscure, autour elle tâtonne;
Sa main tombe sur le serpent,
Pour sa chandelle elle le prend,
Le met dans sa lanterne; ainsi Dieu n'abandonne
Ses serviteurs, dit-elle, & sait les secourir.
Elle arrive à l'Eglise, & dit les premiéres
Ce que par cœur elle sait de priéres;
Mais bientôt à son Livre il lui faut recourir:

Elle met ſa chandelle ès mains de ſa voiſine,
Juſqu'en celle du Clerc elle parvient enfin ;
Il ſouffle ſur la méche, il ſe tourmente en vain,
Pour l'allumer, tant plus il l'examine,
Plus ce qu'il tient lui paroît ſurprenant ;
Mais à la fin comprenant le miſtére,
A d'autres, cria-t'il, d'un ton plein de courroux,
Cette chandelle eſt faite à s'allumer chez vous :
Meſdames, que chacun faſſe ſon miniſtére.

L'ANTI-MONDAIN,

Par Piron.

O Jours heureux ! qui purs & ſans nuages
Avez du monde éclairé le berceau,
Dont vainement un odieux pinceau
Vient à nos yeux défigurer l'image :
Jours fortunés ! quoiqu'en publie encor
Un maître-fou dans ſa verve indiſcrette,
Age à bon droit appellé ſiécle d'or.

O bon vieux tems! c'eſt moi qui vous regrette ;
Mais, ô regrets en effet ſuperflus!
A notre dam, helas! vous n'êtes plus!
Tranquille au ſein d'une heureuſe abondance,
Exempt de peine, affranchi de tous ſoins,
L'homme vivoit, la ſage providence
Pour ſon bonheur lui cachoit ſes beſoins.
Il étoit libre, & la ſeule nature
Dictoit ſes loix, régiſſoit ſes devoirs;
La trahiſon, le meurtre, l'impoſture,
Les attentats, les forfaits les plus noirs,
Sous des climats où regnoit la droiture,
De ſon cœur ſimple ignorés & bannis,
N'avoient alors beſoin d'être punis;
Nul préjugé n'aſſerviſſoit ſon ame,
Heureux de vivre ainſi qu'il étoit né;
Ni bien, ni mal, gloire, honte, ni blâme,
N'étoient connus de ſon eſprit borné.
O douce erreur! favorable ignorance!
Fille du Ciel, mere de l'aſſûrance;
Point de remords qui génât ſes déſirs;
Né pour joüir, fait pour le bien ſuprême,
Il le trouvoit dans un autre lui-même;

Rien ne troubloit leurs innocens plaiſirs :
Eh quels plaiſirs ! A leur douceur extrême
Le monde entier doit ſes accroiſſemens !
Tendres états ! divins embraſſemens !
Fréquens ſur-tout plus qu'au ſiécle où nous
ſommes,
Et c'eſt raiſon, car le deſtin des hommes
En dépendoit dans ſes commencemens :
Plaiſirs exempts de tous les vains fantômes ;
Dont un bizarre & chimérique honneur
Séduit des cœurs ſuſceptibles d'allarmes,
Ce fier tiran d'un ſexe plein de charmes,
Ne mettoit point d'obſtacle à ſon bonheur ;
Un eſprit ſimple, une aimable innocence,
Un cœur naïf, de candeur revêtu,
Neuf encore même après la joüiſſance,
Tenoient alors lieu de toute vertu.
De nos Ayeux, ſous le regne d'Aſtrée,
Telle étoit donc la race bienheurée,
D'un ſiécle à l'autre & vigoureux & ſain,
L'homme vivoit ; alors un Médecin,
Coupable engeance en ce tems ignorée,
De ces beaux ans n'abrégeoit la durée.
Or maintenant notre ami du bel air,
Qui vous moquez impunément du monde,

Vantez-nous bien votre ſiécle de fer ;
Vantez ſur-tout votre cœur très-immonde,
Oſez fronder l'illuſtre Fénélon,
Dépriſez-nous les accords de ſa Lire,
Ce beau Roman, le ſeul utile à lire,
Vous toutesfois, vous, ce rare Apollon,
Dont les écrits ne vont point au talon
De ce Prélat, vous, dont le chaud délire,
Pis qu'une fiévre en ſes accès preſſans,
Vous fait choquer la raiſon, le bon ſens,
Vous, dis-je encor, qui placez dans un Temple
D'un bout à l'autre ouvrage original,
Fille de joie auprès d'un Cardinal ;
Vous,dis-je enfin, qui,pour dernier exemple,
Venez de faire aſſemblage nouveau,
Et, comme on dit, une galimafrée
D'Eve, d'Adam, de Saturne & de Rhée.
Aſſortimens dignes d'un tel cerveau,
Plaçant le bien de la nature humaine
Dans un bouchon qui frape au ſoliveau,
Ou bien à voir une tête de veau,
Qui mollement dans un char ſe promene ;
Or maintenant le ſéjour enchanté,
Ce Paradis terreſtre ſi vanté:

Cher Calotin de la premiére classe,
De bonne foi convenez entre nous,
Que pour savoir où peut être sa place,
On auroit tort de s'adresser à vous.

L' H A B I T NE FAIT PAS LE MOINE.

Conte par le même.

MUse de grace, au fait & point d'exorde.
Des Ecumeurs, gens sans miséricorde,
Firent descente à je ne sais quel port,
Et tout de suite y descendit la mort;
L'affreux dégât, le viol, l'équivoque,
Qu'Agnes redoute, & dont Barbe se moque;
L'ardente soif du sang & du butin,
Tant d'autres maux, le sacrilége enfin,
Péché mignon, d'aisance scélérate.
Ce dernier-ci conduisit les Pirates
Dans un Couvent des Peres Cordéliers;
Châsse, encensoir, croix, soleil, chandelliers,

Vaſes ſacrés, tout fut de bonne priſe,
Burettes, draps, le cellier & l'Egliſe,
Tout fut pillé; voyez que les Vauriens
En qui, peut-être, eût agi le ſcrupule,
S'ils n'avoient pas dans plus d'une cellule
Trouvé de quoi ſe dire; eh, ventrebleu,
N'en ayons point, puiſqu'ils en ont ſi peu.
Tout bien cherché, de gentilles commeres
Gagnent la Nef, pour avec les Corſaires
Gayement paſſer leurs jours dorénavant,
Eux à ramer, elles comme au Couvent.
Pere Guichard, bilieuſe pécore ....
Prêche & fulmine en pieux ....
Pere Guichard eſt traité d'étourneau,
Et pour réponſe on le jette dans l'eau.
D'autres encor de prêcher ont la rage;
Ils prêchoient donc, mais ſur un ton plus ſage,
Quand le plus fier de tous les ouragans,
Mieux qu'un Sermon, convertit nos brigans.
Les voilà tous devenus des Panurges,
Se fiant moins à Dieu qu'au Taumaturge,
Et promettant chandelle à tous les Saints
Du Paradis & lieux circonvoiſins:
L'équipage eſt au pied de la chiourme;

On crie, on pleure, & ſanglots on regourme;
Meâ culpâ, mon pere, mon mignon,
Ce n'eſt pas moi, c'étoit mon compagnon;
Moine de dire en faiſant griſe mine,
Punition & vengeance divine;
Le bon Larron contrit comme à la Croix,
De ſe voüer à Monſieur ſaint François,
S'il en échape: à l'inſtant le tems change,
Vous auriez dit que ſur l'aîle d'un Ange
Le Séraphique avoit dit, *quos ego*,
Le Ciel reprend l'azur & l'indigo;
L'eau reverdit, & ſa claire ſurface
S'applaniſſant redevient une glace:
Tout rentre enfin dans ſon premier état.
Tout y compris, le cœur du ſcélérat,
Il rit du vœu formé pendant l'orage,
Le Capitaine abſoud tout l'équipage,
Réüniſſant tout le pouvoir en ſoi,
Et ſur ſon bord étant Pontife & Roi.
Bûvons, chantons, rions, dit le Corſaire,
Frappons, f...... & vogue la galére.
Les pénaillons diſoient, vous avez tort,
On fait la figue ainſi plus près du port,
De Pharaon tel étoit le veſtige,

Moïſe auſſi coup ſur coup le fuſtige ;
Le Chef répond qu'on ait tort ou raiſon,
Ramez, Faquins, belle comparaiſon,
De foüet à foüet la verge de Moïſe
Et le cordon de ſaint François d'Aſſiſe.
Trois jours avoient coulé ſans accidens ;
Le quatriéme, ainſi qu'entre leurs dents,
Les gris vêtus prioient leur Patriarche
De ſe venger en purifiant l'Arche :
L'un des Frocards s'écrie, ah ! le voilà,
Qui ? ſaint François. Où ? Sur l'eau, là bas, là,
Tenez, voyez, vis-à-vis de la poupe,
Sur le tillac ; auſſi-tôt l'on s'attroupe :
Oüi, c'eſt, dit-on, vrayement un Cordélier,
C'en eſt bien un, le fait eſt ſingulier.
En pleine mer un homme, & n'en déplaiſe,
Qui paroît même être là fort à l'aiſe ;
C'eſt, s'écrioit un Moinillon ſervant,
C'eſt ce grand Saint qu'à la merci du vent,
Dans le péril, ingrats, vous reclamâtes ;
Mon œil d'ici diſtingue les ſtigmates :
Je vois, je vois l'Ange exterminateur,
Les bras levés ſur le profanateur ;
Tremblez, méchans. Le frocail en tumulte,
Paſſoit déja de l'eſpoir à l'inſulte.

La ſoldateſque incertaine & tout bas,
Se demandoit, l'eſt-ce, ou ne l'eſt-ce pas?
La nuit laiſſa leur ame en grande tranſe
Et du ſoleil attendit le retour.
Il reparoît, l'on revoit tout le jour
Le même objet à pareille diſtance.
Lors, les relaps enclins à pénitence,
C'eſt ſaint François, qui pourroit-ce être donc?
Voilà des gens pénauts, s'il en fut onc.
Le Commandant, dont la viſiére eſt nette,
Pour le plus sûr mit l'œil à la lunette,
Et dit, ma foi, vous ne vous trompez point:
Je vois capuche & froc, c'eſt de tout point
Un Cordélier promptement à la nage,
Voulant venir peut-être à l'abordage:
Il faut l'attendre, hola, ho! le Grapin,
Chacun ſe ligue au cri du turlupin;
D'horreur le poil en dreſſe à tout ſon monde;
L'objet s'enfonce, & diſparoît ſous l'onde.
A l'inſtant ſouffle un vent des plus gaillards,
Et fut-ce un coup du Ciel ou du hazard,
Vous en allez ſavoir le pour & contre:
Tout au plus près le nageur ſe remontre;
Le Grapin tombe, accroche & tire; eh, qui?

Etoit-ce bien un Cordélier? Nenni.
Là, de par Dieu, ſa Mere & ſaint Antoine,
Jamais l'habit ne fit ſi peu le Moine;
C'étoit au vrai l'habit d'un Franciſcain,
Mais ſous lequel ne giſſoit qu'un Requin,
Poiſſon goulu, vorace, antropophage,
Poiſſon hideux, poiſſon pour tout potage,
Mais un poiſſon froqué; par quel hazard?
Vous avez vû nager Pere Guichard;
Figurez-vous le Requin qui le gobe,
Non pas avec, mais par-deſſous ſa robe;
Des pieds au col tantôt il fut grugé,
Et de ce tronc la tête prit congé:
Le froc alors préſentant l'ouverture,
Avoit d'un monſtre embeguiné la hure,
Et de ce jour quêteux, humble & gourmand,
Frere Requin ſuivoit le Bâtiment.

CONTE PAR LE MÊME.

UN pauvre haire, enfant de l'Hélicon,
Giſſoit mourant à peu près ſur la paille,
Et pour payer caſſe & catholicon,
Dans ſon coffret n'avoit denier ni maille;

Un gros Banquier regorgeant de mitraille,
En même tems étoit malade auſſi ;
Guériſſez-moi, s'écrioit celui-ci,
Voilà de l'or ; chers enfans d'Eſculape,
S'écrioit l'autre, en cas que j'en rechape,
Je vous deſtine au Pinde un beau loyer.
La Faculté vers ce lieu ne galope,
En autre part elle aime à giboyer.
Si que bientôt du Vernage à Procope,
Ce dit l'hiſtoire, & d'Aſtruc à Boyer,
Depuis le Cédre enfin juſqu'à l'Hiſope,
Auprès de lui notre veau d'or eut tout ;
Au pauvre diable il reſta la nature.
Concluſion : le pauvret eſt debout,
Et le richard eſt dans la ſépulture.

EXCUSE de Mr. Piron à Procope ſur les Vers précédens.

PArfumé de l'encens du Pinde,
Au ſommet duquel on te guinde ;
Procope, ne rougis-tu pas
De revendiquer l'aromate,
Dont notre ſotiſe ici-bas

Sumuffige un fils d'Hipocrate?
Mais quelque juſte que puiſſe être
Le chagrin que tu fais paroître,
Ne m'en veux pourtant point de mal;
Chaſſe mon tort de ta mémoire;
A Sylva je te crois égal,
Si de l'égaler tu fais gloire.
Dans ſon audace illégitime,
Un autre diroit que la rime
L'auroit induit à ce faux pas,
Qu'elle en fait faire au plus habile;
Que Boileau même en pareil cas
Bronche entre Quinault & Virgile.
Mais la rime eſt-elle une excuſe
Que doive alléguer une Muſe,
Pour qui l'honneur a des appas?
Non. Fut-elle encore plus ſtérile,
Cent Richelets ne valent pas
La civilité puérile.
Je n'ai voulu, je te déclare,
Marquer le ſavant ni l'ignare.
Eh, qu'importe? Ignare ou ſavant,
A qui ſe rit de l'art funeſte,
Où le plus verſé très-ſouvent
Eſt le plus ſemblable à la peſte.

Des trois Filandiéres finiſtres
Je voulois nommer les Miniſtres,
Sans toucher au point déciſif,
Et ſeulement dans l'Apologue
Citer d'entr'eux le plus oiſif,
Pour l'oppoſer au plus en vogue.
Oh ! je te ſais l'ami des belles,
Le favori des neuf pucelles,
Le charme de tes Auditeurs,
Un Catulle, un Alcibiade ;
Je te ſais mille admirateurs,
Et ne te ſais pas un malade.
L'honneur du Pinde & de Cythère,
J'ai crû que tu ne ſongeois guére
A l'emploi de docte aſſaſſin,
Que tu te piquois peu de l'être.
Enfin, je t'ai cru Médecin,
Comme plus d'un Evêque eſt Prêtre.
Voilà l'eſprit de l'antithéſe ;
Et pour peu qu'elle te déplaiſe,
Publie à tous mon repentir ;
Je publierai mon témoignage,
Et ne craindrai plus de mentir,
En te comparant à Vernage.
Même outre la Palinodie,

En cas de grande maladie ,
Dont on ne ſauroit qu'augurer ;
Le coupable avec diligence
T'appellera pour aſsûrer
Ou ſon ſalut ou ſa vengeance.

La Réconciliation de Rouſſeau avec ſes Ennemis.

OUI, pour mourir dans ma Patrie,
Je chante la Palinodie:
Vous, à qui j'ai porté les traits les plus ſanglans
Pour des écrits trop vrais, mais pourtant reſſemblans,
Avec vous déſormais je me réconcilie.
Venez, Chriſologue (*a*) & Midas, (*b*)
Venez, grands Officiers & Goujats du Parnaſſe,
Approchez que je vous embraſſe ;
Mais j'oubliois le Poëte Autereau,
Lui, dont la miſére & la craſſe,

Sans

(*a*) L'Abbé Bignon.
(*b*) Le Maréchal de Noailles.

Sans le ſecours de ſon pinceau,
D'un gueux au naturel font un parfait tableau.
Pardon, ami, je croyois ta carcaſſe
Depuis long-tems giſſante au monument
Ou, pour parler plus poëtiquement,
Je te croyois reclus dans le ſombre Tartare
Avec le feu petit Abbé de Pont,
Maître la Faye, & le glacé Pindare. (*c*)
Oh! (*d*) Créateur du monde, Dieu vous gard,
Je ſuis charmé de vous revoir ici,
Ma foi, je vous croyois auſſi
Bien & dûement cloüé, reſpirant à Clamard.
Quel eſt donc ce Fumeur (*e*) qui s'offre à mes regards?
Il paroît à ſes yeux hagards,
Ne reſpirer que le meurtre & l'inceſte;
Vraiment je le remets, c'eſt l'Auteur de Thieſte,
Qui vous promet Catilina,
Et qui long-tems le promettra.

(*c*) La Mothe.
(*d*) Fontenelle.
(*e*) Crebillon.

Viens, frere en Apollon, viens à l'eſtami-
nette,
Nous fumerons & nous boirons canette;
Nous trinquerons, ſi tu le veux,
A ce bel eſprit bilieux, (*f*)
De qui le cerveau frénétique,
Contre les régles du bon ſens,
A fait éclorre les cinq ſens
Et la grace mélancolique.
Hé! bon jour, Pere Nitetis, (*g*)
Qu'as-tu fait de Déidamie,
Et du vaillant fils de Thetis?
Réponds; la cabale ennemie
Les auroit-elle, en ſa mauvaiſe humeur,
Envoyé paître avec notre Rimeur?
Oüi, ſur ta phiſionomie
Je lis leur condamnation;
Conſole-toi, cette infamie
Fait voir la dépravation
Du goût de notre Nation.
A propos, de bon goût, qu'eſt devenu le
Sire? (*h*)

(*f*) Le Poëte Roy.
(*g*) Danchet.
(*h*) Voltaire.

Qui dans le fort de ſon délire,
Des Auteurs les plus excellens
Voulut apprétier à ſon gré les talens,
Et s'érigeant en maître du Parnaſſe,
A chacun aſſigner ſa place.
Belle demande ! il court le loup-garou,
Et maintenant il eſt je ne ſais où.
Dieu lui faſſe miſéricorde,
Et lui donne avec le bon ſens,
Ainſi qu'à vous, mes chers enfans,
Repos, ſanté, joie & concorde.

APOTHÉOSE de Mademoiſelle le Couvreur, Actrice, morte le 2. Mars 1730.

Par Mr. de Voltaire.

QUEL contraſte frappe mes yeux?
Melpoméne ici déſolée,
Eleve avec l'aveu des Dieux
Un magnifique Mauſolée.
Si la ſuperſtition,
Diſtinguant juſqu'à la pouſſiére,
Fait un point de Réligion

D'en couvrir une ombre légére :
Ombre illuſtre, conſole-toi,
En tous lieux la terre eſt égale ;
Et lorſque la Parque fatale
Nous fait ſubir ſa triſte loi,
Peu nous importe où notre cendre
Doive repoſer, pour attendre
Ce tems où tous les préjugés
Seront à la fin abrogés.
Ces lieux ceſſent d'être profanes ;
En contenant d'illuſtres mânes,
Ton tombeau ſera reſpecté.
S'il n'eſt pas ſouvent fréquenté
Par les diſeurs de Patenôtres,
Sans doute il le ſera par d'autres,
Dont l'hommage plus naturel
Rendra ton mérite immortel.
Au lieu d'ennuyeuſes Matines,
Les graces, en habit de deüil,
Chanteront des hymnes divines :
Tous les matins, ſur ton cercüeil,
Sophocle, Corneille, Racine
Sans ceſſe y répandront des fleurs,
Tandis que Jocaſte ou Pauline
Verſeront des torrens de pleurs.

Enfin pour ton Apothéose
On doit te faire une Ode en prose;
Le chef-d'œuvre d'un bel esprit
Vaudra bien du moins un obit.
Méprise donc cette injustice,
Qui fait refuser à ton corps
Ce que par un plus grand caprice
Obtiendra *Pelletier des Forts*.
Cette ombre impie & criminelle,
La honte du nom François,
Quelque jour dans une Chapelle
Brillera sous l'appui des Loix.
Ainsi par un destin bizarre
Ce Ministre dur & barbare
Doit reposer avec splendeur,
Tandis qu'avec ignominie,
A l'Emule de Cornelie
On refuse le même honneur.

ÉPIGRAMME

De quelqu'un, qui, sans doute, a troqué son encensoir contre des verges, & qui foüette sa coquine, après avoir adoré sa Déesse.

Sur la *Sallé* la critique est perplexe:
L'un va disant qu'elle a fait maints heureux;
L'autre répond qu'elle en veut à son sexe;
Un tiers prétend qu'elle en veut à tous deux.
Mais c'est à tort que chacun la dégrade,
De sa vertu pour moi je suis certain:
Resnel soûtient qu'elle n'est pas Tribade,
La *Grognet* dit qu'elle n'est pas Putain.

ODE

A un Prélat, que son zéle pour la défense de la vérité expose à des persécutions.

Prelat, dont les travaux fameux
Ont répandu par-tout la gloire,
Dont les combats victorieux

Immortalifent la mémoire,
Quels cris s'élevent contre toi?
Eh! quelle eft cette hidre cruelle,
Qui ne peut te voir fans effroi?
La vengeance marche près d'elle,
La noire envie arme fes mains.
Ciel! de leurs complots inhumains
Sauvez une tête fi chere;
L'intérêt de vos dogmes faints
Vous rend fon falut néceffaire.
Mais pourquoi trembler pour fes jours?
Continuez, troupes iniques;
Oüi, j'y confens, à fes recours,
A mille odieufes pratiques,
Ne montrez que dans de faux jours
Ses démarches les moins critiques;
Tâchez par d'indignes détours
D'ôter aux éloges publiques
Ses œuvres les plus canoniques.
Inutile, impuiffant courroux!
L'Etat, dont il prend la défenfe,
Contre la fureur de vos coups;
Les Oüailles que fa vigilance
Dérobe à vos efforts jaloux;
La foi qu'il maintient contre vous;

Voilà l'écüeil insurmontable
Où se briseront tous vos traits.
Et toi, Prélat, dont à jamais
Le nom doit être respectable,
Ne cesse par d'illustres faits
De mériter toute la haine
De ceux dont l'audace hautaine,
Sous le joug d'une juste loi,
Prétend faire plier la foi.

ÉPÎTRE

Qu'un Auteur écrit à un de ses Amis dans un besoin d'argent, pour lui en demander.

DE ma triste déconvenuë
Apprends, ami, l'avanture imprévuë.
Le Diable quittant son caveau,
Et voulant sur notre hémisphére
Avoir un auspice nouveau,
Qui fut & moins sale & moins chaud
Que son domicile ordinaire,
Vient, par je ne sais quel travers,
De prendre son gîte en ma bourse;
C'est-là que pour toute ressource

Il s'offre à mes beſoins divers.
Depuis cet accident funeſte,
Pour moi tout change en l'univers ;
Chacun me fuit & me déteſte,
Hôte, Boulanger, Rôtiſſeur,
Ne peuvent me voir ſans frayeur ;
Le Marchand ferme ſa boutique,
Le pâle Banquier ſon comptoir,
Et c'eſt un fâcheux pronoſtique
Seulement de m'appercevoir.
Pour expulſer ſi méchant hôte,
Signe de croix & de patenôte,
Et tout ce que la piété
Met d'armes aux mains des Fidéles,
Pour chaſſer les eſprits rébelles,
J'ai tout eſſayé, tout tenté ;
Mais le fripon n'a fait que rire,
Et en vain je prétends lui dire,
Que l'Egliſe m'a mis en main
Sur les puiſſances ſoûteraines
Un deſpotiſme ſouverain ;
Qu'à tort il faiſoit le mutin,
Qu'il en augmenteroit ſes peines :
Le perfide tient toûjours bon,
Se raille de mon catéchiſme,

Qu'il traite de pure chanſon.
Cher ami, ſi ton exorciſme
Ne vient bientôt à mon ſecours,
Tu vois le dernier de mes jours.

ÉPIGRAMME

Contre un jeune Prédicateur ignorant, qui avoit donné, comme de lui, une Piéce éloquente & pleine d'érudition.

JEUNE Damis, dans tout ce beau diſcours,
Où le ſavoir, les graces du langage,
L'eſprit, les mœurs, la nouveauté des tours
De l'Auditeur raviſſent le ſuffrage,
Rien n'eſt de toi, ſi j'en crois le lardon;
Mais par trop loin va cette médiſance,
Le ſon de voix, certaine diſſonance,
Je ne ſais quoi d'Ardénois dans le ton,
Contre ces traits vient prendre ta déſenſe,
Et ſemble dire, arrêtez, médiſans,
De ce diſcours ſi rempli d'éloquence
Le bon Damis a du moins les accens.

AUTRE ÉPIGRAMME,

Sur la rencontre imprévûë que l'Auteur fit d'une Demoiselle, avec laquelle il avoit vécu quelques années auparavant d'une maniére trés-particuliére, & qui fit semblant de ne pas la reconnoître.

A MADAME ***.

SEROIT-CE vous, adorable Clarice,
Qu'offrit hier à mes regards surpris
Du sort l'agréable caprice?
Mes sens charmés, mon cœur épris,
Mon ame jusqu'au fond émûë,
Livrée aux transports les plus doux,
A votre rencontre imprévûë,
Me persuade que c'est vous.
J'ai reconnu cette taille charmante
Et cette gorge ravissante,
Où l'on voit folâtrer les ris & les amours.
J'ai reconnu cette bouche touchante,
Dont autrefois tous les discours
Flatoient mon oreille étonnée,

Eclairoient mon esprit, attendrissoient mon
cœur,
Et qui, par un pouvoir vainqueur,
Retenoient mon ame enchaînée.
Mais, ô portrait! ô plaisir imposteur!
Dans une muette langueur,
Vos yeux venant à s'offrir à ma vûë,
Au même instant je vous ai méconnuë.

LE CHAPITRE GÉNÉRAL DES CORDELIERS.

DEJA la Renommée avoit passé les mers,
Pour aller annonçer à cent Peuples
divers,
Que l'invincible Chef de la Gent Cordeliére
Venoit de terminer son illustre carriére.
Déja pour faire choix d'un digne Successeur,
De chaque Monastére on assemble la fleur,
Et Tolède est choisi pour tenir l'assemblée,
Où doit se réünir l'élite députée.
Le Chapitre commence, il se tient à huis clos;
Un Moine, beau parleur, l'ouvre par ce
propos.

O vous ! dignes ſoûtiens de toute gueuſerie ,
Vous, qui faites valoir la ſainte momerie,
Qui n'avez pour tout bien & pour tout revenu
Que le droit caſuel & du con & du cul ;
Vous, qui de toute part venez ici vous rendre,
Au ſaint Généralat, vous qui voulez prétendre,
Vous vous flatez en vain, que la Brigue en ces lieux
Favoriſe jamais des vœux ambitieux.
Quiconque oſe aſpirer à cette grande place,
Ne doit ſur ſes talens attendre aucune grace.
Plus humbles, plus ſavans fuſſiez-vous mille fois,
Plus ardens à gueuſer que le grand ſaint François ;
Si vous n'avez des vits d'une énorme meſure,
Vous devez de ce rang vous-mêmes vous exclurre ;
Le mieux muni de nous doit être Général ;
C'eſt là pour notre choix lè point fondamental :

A notre Ordre aujourd'hui donnons un nouveau luſtre,
Choiſiſſons parmi nous le vit le plus illuſtre:
Peres, préparez-vous, voici l'inſtant fatal,
Qu'il faut mettre au grand jour le Sceptre monacal;
De vos roides engins montrez la révérence,
Et voyons qui de nous aura la préférence.
Alors montrant le ſien, voici, dit-il, mes droits,
Et le ſigne aſſûré de mes fameux exploits;
Quoiqu'on en ait tranché par un malheur funeſte,
Pour être Général, voyez ce qui me reſte:
Révérends, c'eſt, je penſe, un aſſez bel hochet,
A ſon aſpect, on croit voir un vit de mulet.
Saiſi d'un ſaint tranſport, un vieillard en lunette
S'approche, & pour le voir fait une humble courbette:
De près il l'examine, & dit, par ſaint François,
Voilà, je crois, de l'Ordre un des plus beaux anchoix.

Mais d'un air dédaigneux, ſaiſiſſant la parole,
Pere Tapeux ſoûtient que c'eſt une hiperbole,
Prétendant qu'il n'a pas ſuffiſante groſſeur,
Défie, à ſon égard, le plus rude cenſeur,
Et levant d'une main ſa longue robe brune,
De l'autre il ſort un vit propre à faire fortune.
A peine le peut-on empoigner d'une main,
Long à proportion, quarré, ſec & mutin:
Voilà, dit-il, un vit rougiſſant de colére,
Et non pas ce que vient de nous montrer le Pere:
Avec cet outil là, je peux, ſans me gêner,
Fourbir mes douze coups, dont ſix ſans déconner.
Le Chapitre ſourit, & prend cette bravade
Pour un diſcours en l'air, pour une gaſconnade;
Mais le Moine piqué de cet affront nouveau,
Frappe de ſon outil vingt fois ſur le bureau;
Cet effort vigoureux fait trembler le Chapitre:
L'on admire, l'on rend juſtice à votre titre;

Vous méritez beaucoup, lui dit le Préſident,
Pere Tapeux, calmez ce noble emportement,
C'eſt aſſez, Révérend, contenez ce tonnerre,
Vous avez effrayé tout notre Monaſtére,
Votre engin, à ſon tour, doit être meſuré,
Et s'il eſt le plus long, il ſera préféré.
Pere Examinateur, commencez votre ronde,
Que chacun faſſe voir ſur quel titre il ſe fonde;
Qu'on enregître tout, la taille & la groſſeur,
Qu'on faſſe mention exacte de longueur,
Et du tour du Breteur, ſur-tout qu'on examine
Les coüilles & les vits juſques à leur racine;
Enfin ce que chacun montrera de vigueur,
Soit dans votre examen produit en ſa faveur.
L'examen achevé, il faut que l'on opine;
Mais pour l'élection, nul ne ſe détermine.
Le Pere Briſe-motte & Pere l'Enfonceur
Ont leurs engins égaux en longueur, en groſſeur,
Egalement bandant, ils ont des reins de diable,
Les coüillons ſont égaux, enfin tout eſt ſemblable;

Mais

Mais comment faire un choix, où tout paroît égal,
Il faut pourtant que l'un des deux ſoit Général?
Pour nous tirer, dit l'un, de cette incertitude,
Mettons-les tous les deux à quelque épreuve rude:
Pour choiſir, ſans ſcrupule & ſans prévention,
Faiſons venir ici jeune fille & garçon;
Sur l'un & l'autre ſexe exerçons leur courage,
Nous verrons qui des deux prend mieux un pucelage,
Lequel en fouterie eſt meilleur ouvrier,
En un mot, qui des deux eſt meilleur Cordelier.
Bientôt après ces mots on préſente à la Sale
Un jeune Ganiméde, une jeune Veſtale
Environ de quinze ans, plus belle que le jour,
Teint de roſes & de lis, ouvrage de l'amour.
Chaque Pere, en voyant cette jeune fillette,
Sent ſon bidet tout prêt à rompre ſa gourmette.

Le Président fait ſigne au Pere l'Enfonceur
De commencer l'épreuve , & grimper ſur la Sœur.
Si-tôt dit, ſi-tôt fait, deſſus une couchette,
Miſe en ces lieux exprès, mon Frocard vous la jette,
Il la trouſſe, & ſe met en devoir d'obtenir
Des plaiſirs que l'amour ne ſauroit définir.
Le Pere, avec tranſport, acheve ſa victoire,
Et tirant du conin ſon vit couvert de gloire,
Si-tôt il le renfonce, & pour dignes exploits
De l'aveu du Tendron il déchargea ſix fois,
Six fois ſans déconner, & puis levant ſa cotte
Il fait voir au grand jour la plus charmante motte ;
Une cuiſſe plus blanche, & le plus beau conin ,
Qui ſe trouva jamais ſous jupe de Nonain.
Le vit du Moine alors montrant ſa rouge tête ,
S'échappe furieux de la ſainte braïette,
Ecumant de luxure, il remonte à l'inſtant,
Jean chouard cette fois entre plus aiſément.
Ce jeune petit con, quoique con de poupée,
Au Moine vigoureux laiſſe une libre entrée :

Dans ce ſecond aſſaut, ſans plainte & ſans douleur,
De l'enfroqué Jean-f... elle remplit l'ardeur
Tant & ſi bien, qu'enfin ne pouvant paſſer outre,
Il lui laiſſe le con tout barboüillé de foutre.
Le Pere l'Enfonceur, illuſtre candidat,
Ainſi fut éprouvé pour le Généralat.
Le Pere Briſe-motte, à ſon tour, ſur la ſcéne
Entre, & dit, qu'il foutra dix coups tout d'une haleine:
Il eſſuie le con de cette jeune Sœur,
Et dans trois coups de cul lui cauſe une douleur,
Qui fait jetter des pleurs à la jeune innocente:
Le Moine ſans pitié, dans ſon ardeur brûlante,
La ſerre entre ſes bras, ſaiſi d'un doux tranſport,
Sentant ſon vit preſſé, comme par un reſſort,
Change en tendres ſoupirs les pleurs de ſa conquête,
Et régale ce con d'une ſi belle fête,
Que le cul de la None en ſauta de fureur:
Le paillard darde au fond la benigne liqueur,

Et ſuivant ſans repos l'amoureux exercice,
Douze coups, tous portans, ſon vit lui fut propice.
La douzaine finie, on crut qu'à cette fois
Le Moine borneroit le cours de ſes exploits:
On alloit opiner, quand ce nouvel Hercule,
Retournant le Tendron, du premier coup l'encule,
Sodomiſe deux coups, & deux fois déchargeant,
Il retire du cul deux fois ſon vit bandant.
Juſques-là Briſe-motte avoit eu l'avantage,
Et le Chapitre alloit lui donner ſon ſuffrage;
Le mien n'eſt pas pour lui, répond Frere Frapart,
Au choix en queſtion je prétends avoir part,
Et ſur lui remporter une pleine victoire;
Mon vit n'eſt pas ſi long, Peres, je veux le croire,
Mais pour foutre je veux lui damer le pion,
Je vais vous le montrer ſur ce jeune garçon.
Il dit, & ſur le champ déculotant le Frere,
Aux yeux des Papelards paroît le beau derriére.
Il pouſſe vivement ſon vit ſans le moüiller,

Sans effort & ſans peine encule l'Ecolier.
Chacun frappe des mains à ce charmant ſpectacle,
Et l'on tient que le coup approche du miracle ;
Quand le bougre, charmé de l'applaudiſſement,
Leur dit, ſans déculer, je foutrois tout un an :
Le ſaint homme, en effet, de toute la journée
Ne ceſſa de tenir la mazette enculée.
Le Préſident ſe leve, & recüeille les voix,
Tout eſt en ſa faveur, le Chapitre en fait choix :
Quand un Moine étourdi ſe ſaiſit de la porte,
Et dit qu'il ne veut pas qu'aucun Cordelier ſorte,
Sans avoir déclaré qu'il faut pour être élû,
Foutre quarante coups, ſoit en con, ſoit en cul,
Appellant de leur choix au plus prochain Concile,
Prétendant d'y montrer qu'il n'eſt pas moins habile,
Qu'il offre de montrer ſa propoſition,
Miſe dans le moment en exécution :

Il ſort, ferme après lui, le Chapitre en murmure.
Je veux vous foutre tous, dit-il, par la ſerrure :
Pied ferme & vit en main, il les prend au guichet.
Les Moines ſe voyant ſurpris au trébuchet,
Déliberent enfin, & la ſainte Aſſemblée,
Qui ſe voit au paſſage à coup sûr enfilée,
Veut bien qu'à ce mutin on préſente le cul:
Tout autant il en ſort, tout autant de foutu.
Pas un n'en eſt exempt, pas même la vieilleſſe ;
Le bougre encule tout d'une même viteſſe,
Chaque Moine convient qu'il n'a rien vû d'égal,
Et qu'on ne peut choiſir un plus grand Général.

LE DESAGRÉMENT DE LA JOUISSANCE.

ENfin après ſix mois de peine & de ſoupirs
Climéne s'eſt renduë à mes preſſans déſirs.
D'un moment tendre & doux j'ai ſaiſi l'avantage;
Mais, helas! qui l'eût cru ? cette prude ſauvage,
Qui tant & tant de fois a refuſé mes vœux,
A plus foutu de coups que je n'ai de cheveux.
Son con vaſte & ſon cul font une même fente,
Mon vit en fut frappé d'horreur & d'épouvante;
Et parcourant au loin cet abîme profond,
En même-tems foutit & le cul & le con.
O vous! qui recherchez l'honneur d'un pucelage,
Amans, ne jugez pas du con par le viſage.
Les dévotes Beautés qui vont baiſſant les yeux,
Sont celles, plus ſouvent, qui chevauchent le mieux:
Telle, d'un air bigot, vous affronte & vous dupe,
Qui pour un malheureux vingt fois leve ſa jupe,
Et feignant de prier, en fermant ſon volet,
Pour un Godemichi quitte ſon Chapelet.

LE POINT D'AIGUILLE,

CONTE.

CErtain Tendron qu'Isabeau l'on nommoit,
Après quinze ans, ayant son pucelage,
Cas singulier, dans un Bal se trouvoit:
Chacun illec de danser faisoit rage,
Fors Isabeau, la pauvre fille étoit
Seule en un coin faisant triste figure,
Les yeux baissés, & tenant sa ceinture
De ses deux mains que point ne remuoit,
Si qu'eussiez dit que c'étoit une Idole.
Un sien ami, que j'appelle Damon,
Vient l'acoster, lui fait cette leçon:
Tandis qu'ici l'on rit, l'on cabriole,
Etre ainsi triste, à vous n'est pas fort beau,
Chacun s'en moque; alors, belle Isabeau,
Venez danser, souffrez que je vous mene,
Là votre main... Non, ce n'est pas la peine,
Dit Isabeau, Monsieur, laissez ma main,
Bien grand merci, pourtant ne croyez mie
Que tel refus provienne de dédain;

De danſer j'aurois grande envie ;
Mais on m'a dit, que quand je danſerois,
Mon pucelage auſſi-tôt je perdrois,
Qu'il tomberoit devant les gens, eh Dame !
Maman après me chanteroit ſa gamme,
Bien la connois, elle m'affoleroit :
Ah ! dit Damon, qui ſous cappe rioit,
Je vois que c'eſt ; or qu'à ce point ne tienne
Que ne preniez votre part du plaiſir,
Dans ce moment tout à votre loiſir
Pourrez danſer, ſans crainte qu'il advienne
Ce que ſi fort me ſemblez redouter :
Il faut ſans plus à votre pucelage
Trois points d'aiguille, & vais, ſans différer,
Si le voulez, vaquer à cet ouvrage ;
Je ne ferois, pour toute autre que vous,
Beſogne telle ; or ça dépêchons-nous,
Puis danſerons après tout à notre aiſe.
Auſſi-tôt dit, notre belle niaiſe,
Suit le galant, & tout alla ſi bien,
Que de leur fuite on ne ſoupçonna rien.
Voilà Damon qui prend en main l'aiguille,
Vous fait un point, puis un autre ; la fille
De prendre goût & de dire, ah ! vraiment,
Je couds fort mal, à ce que dit Maman,

Elle me gronde, oh bien ! qu'elle m'achete
Pareille aiguille, elle verra beau jeu:
Les vend-t'on cher? coufez encor un peu:
On coud un point, puis Damon fait retraite,
Belle, dit-il, c'eft bien affez coufu
Pour cette fois, & votre pucelage
N'a déformais à craindre aucun dommage,
Venez danfer : la friponne eût voulu
Ne point fi-tôt abandonner l'ouvrage,
Elle alléguoit bien des *fi*, bien des *mais*,
Rien que trois points, il ne tiendra jamais,
Oncque ne fut robe trop bien coufuë ;
Mais le galant s'éloignant à fa vûë,
Elle rentra dans le Bal à l'inftant.
Quelqu'un la prend pour danfer, elle danfe,
On admira fa noble contenance,
Son air, fes traits, fon teint vif & brillant,
Le tout étoit l'ouvrage d'un moment.
Un feul moment d'Ifabeau l'imbécille,
Avoit sû faire Ifabeau la gentille:
Comment cela, demandez-le aux Docteurs,
Docteurs en Loix ou bien en Médecine:
Nenni dà, non, au diable leur doctrine ;
Ce font Pédans que Dieu fit ; c'eft ailleurs
Que trouverez folution certaine,

De cettui cas, chez Jean le Florentin,
Chez mon Patron, le gentil la Fontaine,
Gens, qui d'amour tiennent tout leur latin;
Or reprenons notre Conte. La Belle
Ayant dansé pendant assez long-tems,
Vint à Damon, je crains fort, lui dit-elle,
Qu'après maints sauts & maints tremoussemens,
Ce qu'avez fait ne soit peine perduë;
Partant allons coudre tout de nouveau
Mon pucelage, il ne seroit pas beau
Que tout à coup il tombât à la vûë
De tout le monde, & pouvant l'empêcher,
Vous en auriez autant que moi de blâme,
Venez donc, soit: Damon répond, oh Dame!
Plus n'ai de fil, d'un autre couturier
Pourvoyez-vous: c'est méchanceté pure,
Dit Isabeau, de fil vous n'avez plus?
Eh! dites-moi, que sont donc devenus
Deux pelotons qu'aviez à la ceinture?

QUATRAIN DU COMTE DE GUICHE A Mr. D'OLONNE.

Comte, jaloux de la Comteſſe,
Crois-moi, ne me reproche rien,
Mon ſort eſt moins doux que le tien ;
Je ne fous que ta Femme, & tu fous ma Maîtreſſe.

LA COMTESSE D'OLONNE,

COMÉDIE

DE Mr. DE BUSSI RABUTIN.

ACTEURS ET ACTRICES de la Piéce.

ARGENIE, *la Comteſſe d'Olonne.*

BIGDORE, *le Comte de Guiche.*

GELONIDE, *la Comteſſe de Fieſque.*

L'ABBÉ, *l'Abbé de Roye.*

MARCELIN, *Marſillac.*

LIZE, *Femme de Chambre de la Comteſſe d'Olonne.*

CASTELLOR, *le Duc de Caſtre.*

MANICAMP, *le Giton du Comte de Guiche.*

GANDALIN, *le Duc de Candale, & autres.*

LA COMTESSE D'OLONNE,

COMÉDIE.

Le Théâtre représente, à l'ouverture de la Piéce, la Comtesse d'Olonne couchée sur un lit de repos, sa Femme de Chambre assise dans un fauteüil à côté de son oreiller. La Comtesse s'éveille en sursaut, épouvantée d'un rêve qu'elle vient de faire, & dit sous le nom d'Argenie.

SCÉNE PREMIÉRE.

ARGENIE & LIZE.

ARGENIE, *croyant voir l'ombre du Duc de Candale son premier Amant.*

FANTÔME impérieux, qui viens mal à propos
Condamner mes plaisirs & troubler mon repos,

Va, reporte aux Enfers ta noire jaloufie,
Et ne te mêle plus de cenfurer ma vie.
Chargé de tant d'horreurs, de quoi t'avifes-tu
De revenir ici me prôner la vertu?
Ne te fouvient-il plus que je fuis une femme,
De qui le con brûlant fent la plus vive flâme,
Et que de ton vivant, loin de me foulager,
Cruel, tu débandois à me faire enrager?
Non, je ne te crains plus, tes menaces font vaines,
Par ton heureux trépas la mort brifa mes chaînes:
Depuis ce doux moment, prodiguant mes faveurs,
J'ai dans mes intérêts réüni tous les cœurs;
Il faut foutre ou mourir.

LIZE.

Il faut mourir ou foutre!
Eft-ce donc la colére, ou l'amour qui vous outre,
Madame, qu'avez-vous?

ARGENIE.

Ah! Lize, quel réveil!
Et que n'ai-je point vû dans mon trifte fommeil!

Au

Au ſortir du repas me trouvant aſſoupie,
Sur ce lit de repos je me ſuis endormie;
Lorſque me rempliſſant & d'horreur & d'effroi,
Le jaloux Gandalin a paru devant moi.
Infame, m'a-t'il dit, d'une voix effroyable,
Je viens te reprocher ta vie abominable;
Ingrate, as-tu ſi-tôt perdu le ſouvenir
De l'eſtime où mon feu pouvoit te maintenir?
Dans le nombre des morts je n'étois pas encore,
Quand tu m'aſſocias Marcelin & Bigdore,
Criſante, Caſtellor, l'Avanturier, l'Abbé,
Le reſte ne vaut pas l'honneur d'être nommé.
Que tu m'as fait ſouffrir! mais mon plus grand ſupplice
Fut de voir quels Amans étoient à ton ſervice,
Que ſans diſcrétion & ſans cacher ton feu,
Tu fis de plus en plus à tous venans beau jeu.
Va, ton abaiſſement fait honte à ma mémoire,
Ma paſſion à part, il y va de ma gloire.

Les Dieux pour t'accabler de malheurs infinis,
Vont t'élargir le con & racourcir les vits ;
Les plus jeunes fouteurs auront mille foiblesses,
Toûjours à contre-tems tu leveras les fesses,
Et tes Amans contraints par une dure loi,
Au milieu du coït s'endormiront sur toi.
Pour un gueux impuissant l'amour te rendra fole,
Tes moindres maux seront chaude-pisse ou vérole ;
Enfin, Bougresse, enfin pour avoir trop foutu,
Un chancre confondra ton con avec ton cul.
L'ombre à peine eût fini ces mots épouvantables,
Qu'il disparut.

LIZE.

O Ciel ! quels malheurs effroyables
Menacent vos beaux jours ! & quel affreux tableau !
N'appréhendez-vous pas de tomber en lambeaux ?

ARGENIE.

On ne peut de frayeur être plus agitée.

LIZE.

Vous êtes dans l'Amour auſſi trop emportée,
Madame, Gandalin peut bien vous gourmander:
Pour vous foutre, il ne faut que vous le demander.

ARGENIE.

Que veux-tu, ma Lizon, je n'ai que cette envie,
Et c'eſt le plus grand bien qu'on goûte dans la vie.

LIZE.

Je lis dans votre cœur, je connois votre goût,
Il n'eſt aucun plaiſir pour vous, ſi l'on ne f...
Abandonnez-vous donc à votre humeur lubrique,
Et mêlant l'Etranger avec le Domeſtique,
Le Prince, le Bourgeois & les premiers venus,
Foutez, foutez, Madame, à coüillons rabattus.

SCÉNE II.

La Comteſſe d'Olonne devient amoureuſe du Comte de Guiche, & conſulte la Comteſſe de Fieſque.

ARGENIE & GELONIDE.

ARGENIE.

Vous ne croiriez jamais, aimable Gelonide,
Que pour prendre un Amant je fuſſe encor timide;
Cependant je balance à recevoir le cœur
D'un garçon de vingt ans, d'un aimable vainqueur,
Qui me dit chaque jour qu'il m'aime & qu'il m'adore;
Vous le connoiſſez bien, c'eſt le charmant Bigdore,
Qui véritablement en reſſentant vos coups,
N'a pas eu de ſujet de ſe plaindre de vous.
Le croyez-vous mon fait, eſt-il homme ſolide?
Vous m'entendez fort bien, ma chere Gelonide.

GELONIDE.

Madame, à tout ceci, d'honneur je n'entends rien.

ARGENIE.

Je parlerai plus clair, ce garçon fout-il bien ?

GELONIDE.

Que dites-vous, Madame, ah l'horrible langage !

ARGENIE.

Ne le parlez-vous plus depuis votre veuvage ?

GELONIDE.

Moi, je dis, tout au plus, des mots à double ſens.

ARGENIE.

Comment nommez-vous donc un vit en mots décens ?

GELONIDE.

Si je nommois cela, je dirois une pine.

ARGENIE.

Ayant le vit au con, vous m'avez bien la mine
De l'y laiſſer plûtôt juſqu'à demain matin,
Que d'oſer, pour l'ôter, le toucher de la main.

Mais quittons ce propos, chacun fout à sa
guise,
Banissons les façons, parlons avec franchise;
Que me conseillez-vous sur ce nouveau fouteur?

GELONIDE.

On ne prend là-dessus avis que de son cœur:
Pour moi j'ai cru le mien, croyez-en donc
le vôtre,
Il vous conseillera beaucoup mieux que tout
autre.

ARGENIE.

Le mien sur ce fouteur ne me dit rien de
bon,
Et mille gens m'ont dit qu'il n'aimoit pas le
con;
Au contraire, on m'a dit qu'il est de la
manchette,
Et que faisant semblant de le mettre en levrette,
Le drôle en vous parlant toûjours du grand
chemin,
Comme s'il se trompoit, enfiloit le voisin
Par inclination, c'est un branleur de Pique.

GELONIDE.

Et qui cherche le con par pure politique.

ARGENIE.

Que dites-vous, Madame, & comment parlez-vous?

GELONIDE.

On apprend à hurler aux bois avec les loups.

ARGENIE.

Je suis de votre avis, Madame, je l'approuve;
Mais je suis la Brebis pour foutre, & vous la Louve.

SCÉNE III.

La Comtesse d'Olonne, amoureuse du Comte de Guiche, l'appelle.

Parodie du Cid.

ARGENIE & BIGDORE.

ARGENIE.

A Moi, Comte, deux mots.

BIGDORE.

Parle.

ARGENIE.

Ote-moi d'un doute;
Connois-tu bien le con?

BIGDORE.

Oüi.

ARGENIE.

Parlons bas, écoute:
Sais-tu bien qu'il vaut mieux mille ſois que le cul,
Qu'en tous lieux on t'appelle un Bougre, le ſais-tu?

BIGDORE.

Tels diſcours ſont tenus par Dames mépriſées.

ARGENIE.

Non, non, nous ſavons bien tes hiſtoires paſſées.

BIGDORE.

A quatre pas d'ici je t'en éclaircirai.

ARGENIE.

Jeune préſomptueux.

BIGDORE.

Je ſuis jeune, il eſt vrai,
A peine ai-je vingt ans; mais aux coüilles bien nées,

La valeur n'attend pas le nombre des années.

A R G E N I E.

De t'attaquer à moi, qui t'a rendu ſi vain,
Toi qu'on ne vît jamais le vit roide à la main.

B I G D O R E.

Je n'ai, juſqu'à préſent, jamais trompé de Belles,
Et ton con, ſi tu veux, en ſaura des nouvelles.

A R G E N I E.

Sais-tu bien qui je ſuis?

B I G D O R E.

Oüi, tout autre que moi,
Au ſeul bruit de ton nom pourroit trembler d'effroi:
Mille & mille fouteurs crevés à ton ſervice,
Semblent me préſager un ſemblable ſupplice.
J'attaque en téméraire un con toûjours vainqueur;
Mais j'aurai trop de force, ayant aſſez de cœur:

A qui fout Argenie il n'eſt rien d'impoſſible,
Ton con eſt invaincu, mais non pas invincible.

ARGENIE.

La grandeur qui paroît aux diſcours que tu tiens,
Par tes yeux chaque jour ſe découvroit aux miens,
Et croyant voir en toi l'honneur de la jeuneſſe,
Mon cœur te deſtinoit en ſecret ſa tendreſſe;
Il eſt vrai que le bruit de ton peu de vigueur
Avoit, non ſans raiſon, ralenti mon ardeur;
Mais puiſqu'il eſt certain, & qu'enfin tu m'aſſûre
Que tout ce qu'on a dit eſt autant d'impoſture,
Je viens t'offrir mon con, m'abandonner à toi,
Et me faire un plaiſir de recevoir ta foi.

SCÉNE IV.

Le Comte de Guiche en veut joüir, il ſe trouve impuiſſant, & veut s'excuſer, en diſant.

BIGDORE.

Madame, pardonnez à ce triſte accident,
Il vient de trop d'amour.

ARGENIE.

Ah ! ne m'aimez pas tant ;
Si votre trop d'amour cauſe votre impuiſſance,
Honorez-moi, Seigneur, de votre indifférence ;
Mais puiſque le deſtin vous a fait pour les culs,
Pourquoi Diable ſonger à faire des cocus ?
Apprenez, apprenez enfin à vous connoître,
Sortez, ou je vous fais jetter par la fenêtre.

SCÉNE V.

Le Comte de Guiche, après avoir raconté son avanture à Manicamp son Giton, il lui dit.

BIGDORE.

SAISI du plus juste dépit,
Je voulois me couper le vit,
Ma résolution fut vaine;
Le cruel auteur de ma peine,
Que la peur avoit tout glacé,
Tout malotru, tout replicé,
Etoit allé chercher son centre,
Et s'étoit sauvé dans mon ventre:
Ne pouvant donc rien faire à ce bougre de vit,
Voilà ce qu'à peu près ma colére lui dit:
Toi, qui fais le vaillant quand tu ne vois personne,
Et sur la foi duquel est fou qui s'abandonne,
Infame traître, à qui je peux donner le nom
D'une partie honteuse, avec juste raison,
Toi, qui ne pris jamais les gens que par derriére,

Et par qui je reſſemble au Maréchal mon
pere ,
Dis-moi pourquoi la peur t'a ſi fort racourci ,
Que t'ai-je fait, ingrat, pour me traiter ainſi ?
Mais le lâche , l'œil morne & la tête baiſſée ,
Sembloit ſe conformer à ma triſte penſée,
C'étoit du tems perdu que lui rien reprocher ,
Il étoit à ma voix auſſi ſourd qu'un rocher.

SCÉNE VI.

Le Comte de Guiche retourne à la Comteſſe d'Olonne , & s'en aquite à ſon honneur, elle lui dit.

ARGENIE.

JE reconnois, Seigneur, que j'étois dans l'abus;
Or, qu'aimez-vous le mieux, ou des cons ou des culs?
A préſent vous avez de tous deux connoiſſance.

BIGDORE.

Je fais des cons aux culs beaucoup de différence,
Et si, jusqu'à présent, j'ai mieux aimé les culs,
Reine, c'est que les cons ne m'étoient pas connus.
Si faut-il convenir qu'on n'en peut voir un autre
Plus haut, ni plus brûlant, plus charmant que le vôtre,
N'est-il pas vrai, mon cœur?

ARGENIE.

Je crois, sans vanité,
Qu'il n'en est pas beaucoup de cette qualité;
Les enfans n'en ont pas fort ouvert le passage,
Et tout le monde y trouve un air de pucelage.

ODE
A PRIAPE,

Par Mr. Piron.

FOUTRE des neuf Garces du Pinde,
Foutre de l'Amant de Daphné,
Dont le flaſque vit ne ſe guinde
Qu'à force d'être patiné.
C'eſt toi que j'invoque à mon aide,
Toi, qui dans les cons d'un vit roide
Lance le foutre à gros boüillons;
Priape, ſoûtiens mon haleine,
Et pour un moment dans ma veine
Porte le feu de tes coüillons.

Que tout bande, que tout s'embraſe,
Accourez Putains & Ribauds.
Que vois-je! où ſuis-je! ô douce extaſe!
Les Cieux n'ont point d'objets ſi beaux:
Des coüilles en blocs arrondies,
Des cuiſſes fermes & bondies,

Des bataillons de vits bandés,
Des culs ronds ſans poil & ſans crotes,
Des cons, des tetons & des mottes,
D'un torrent de foutre inondés.

Reſtez, adorables Images,
Reſtez à jamais ſous mes yeux;
Soyez l'objet de mes hommages,
Mes Légiſlateurs & mes Dieux.
Qu'à Priape on éleve un Temple,
Où jour & nuit l'on vous contemple,
Au gré des vigoureux fouteurs:
Le foutre y ſervira d'offrande,
Les poils & coüilles de guirlande,
Les vits de Sacrificateurs.

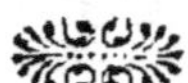

Aigle, Baleine, Dromadaire,
Inſecte, Animal, Homme, tout
Dans les Cieux, ſous les eaux, ſur la terre,
Tout nous annonce que l'on fout.
Le foutre tombe comme grêle,
Raiſonnable ou non, tout s'en mêle;
Le con met tous les vits en rut,

Le

Le con du bonheur eſt la voie,
Dans le con gît toute la joie,
Mais hors du con point de ſalut.

Que l'or, que l'honneur vous chatoüille,
Sots avares, vains conquerans,
Vivent les plaiſirs de la coüille,
Et foutre des biens & des rangs.
Achille aux rives de Scamandre
Pille, ravage & met tout en cendre;
Ce n'eſt que feu, que ſang, qu'horreur;
Un con paroît, paſſe-t'il outre?
Non, je vois bander mon Jean-foutre,
Ce Héros n'eſt plus qu'un fouteur.

Quoique plus gueux qu'un rat d'Egliſe,
Pourvû que mes coüillons ſoyent chauds,
Et que le poil de mon cul friſe,
Je me fous du reſte en repos.
Grands de la terre, l'on ſe trompe,
Si l'on croit que de votre pompe
Jamais je puiſſe être jaloux;
Faites grand bruit, vivez au large,

Quand j'enconne & que je décharge,
Ai-je moins de plaisir que vous?

De fouteurs la fable fourmille.
Le Soleil fout Leucothoé,
Cynire fout sa propre Fille,
Un Taureau fout Pasiphaé,
Pygmalion fout sa Statuë,
Le brave Ixion fout la Nuë,
On ne voit que foutre couler;
Le beau Narcisse pâle & blême,
Brûlant de se foutre lui-même,
Meurt en tâchant de s'enculer.

Socrates, direz-vous, ce Sage,
Dont on vante l'esprit divin,
A vomi peste & a fait rage
Contre le sexe féminin;
Et pour cela le bon Apôtre
N'en a pas moins foutu qu'un autre.
Interpretons mieux ses leçons:
Contre le sexe il persuade,
Mais sans le cul d'Alcibiade,
Il n'eût pas tant médit des cons.

Mais voyons ce brave Cynique,
Qu'un Bougre a mis au rang des chiens,
Se branler gravement la pique,
A la barbe des Athéniens.
Rien ne l'émeut, rien ne l'étonne,
L'éclair brille, Jupiter tonne,
Son vit n'en eſt point démonté;
Contre le Ciel ſa tête altiére,
Au bout d'une courte carriére,
Décharge avec tranquilité.

Cependant Jupin dans l'Olympe,
Pere des culs, bourre des cons;
Neptune au fond des eaux y grimpe,
Nimphes, Sirénes & Tritons.
L'ardent fouteur de Proſerpine
Semble dans ſa coüille divine
Avoir tout le feu des Enfers.
Ami, joüons les mêmes farces,
Foutons tant que le con des Garces
Nous foute enfin l'ame à l'envers.

Tyſiphone, Alecto, Mégére,
Si l'on foutoit encor chez vous,

Vous, Parques, Caron & Cerbére,
De mon vit vous tâteriez tous.
Mais puiſque par un ſort barbare,
On ne bande plus au Tenare,
Je veux y deſcendre en foutant:
Là, mon plus grand tourment, ſans doute,
Sera de voir que Pluton foute,
Et de n'en pouvoir faire autant.

Redouble donc tes infortunes,
Foutu ſort, ſort plein de rigueur,
Ce n'eſt qu'à des ames communes
A qui tu peux foutre malheur;
Mais la mienne que rien n'allarme,
Plus ferme que le vit d'un Carme,
Rit des maux préſens & paſſés.
Qu'on me mépriſe & me déteſte,
Que m'importe; mon vit me reſte,
Je bande, je fous, c'eſt aſſez.

COUPLET

Sur l'Air : *Quel caprice, quelle injuſtice, &c.*

QU'ON me baiſe,
Plus chaud que braiſe,
Mon con, Nicaiſe,
Se préſente à toi :
Qu'on me baiſe,
Point de foutaiſe,
Viens, bande à l'aiſe,
Vite mets-le moi.
Avance donc, foutu calin,
Quoi, tu n'es pas encore en train ?
Et dans ma main,
Qu'à te branler je laſſe en vain,
Ton vit plus froid que glaçe
Reſte molaſſe,
Il foutimaſſe,
Quel bougre d'engin !
Mais il dreſſe,
Par mon adreſſe
Le charme ceſſe,
Qu'il eſt gros & long !
Que ſa flamme
Brûle mon ame.
Ah ! je me pâme ;
Que le foutre eſt bon !

ÉTIMOLOGIE DE L'AZE-TE-FOUTE.

CONTE.

Un jour de Foire dans Châlons,
Colas s'en alloit à la Ville,
Monté ſur le roi des ânons,
Animal ſoumis & docile
Contre l'uſage des griſons.
N'étant qu'au milieu de ſa route,
Il fit rencontre de Catin
Laſſe, ſuant à groſſes gouttes,
Et faiſant à pied le chemin.
La Belle voyant ſon Voiſin,
Qui s'en alloit le vent en poupe,
Le conjura par ſaint Martin,
De la laiſſer monter en croupe.
Un cœur auſſi dur qu'un rocher
Se fût attendri pour la Belle;
Elle étoit fraîche, encor pucelle,
Et ſa main pouvoit s'acrocher
Parfois au pommeau de la ſelle.
Mais ces menus dons des Amans,
Que nous autres, honnêtes gens,

Avons bâtisé *Petite Oie*,
Sont nommés par certains manans,
Viande creuse & fausse monnoie :
De ces manans étoit Colas,
Aussi n'en faisoit-il grand cas.
Depuis long-tems de la Donzelle
Il avoit pris ville & fauxbourgs,
Mais elle défendoit toûjours
Avec vigueur la citadelle.
Le Gars en plus de vingt assauts
Fut repoussé sur la verdure,
Non sans force coups de fuseaux,
Sans mainte & mainte égratignure,
Colas en avoit le cœur gros ;
Aussi tout sec piquant sa bête,
Néant, dit-il, à la requête :
Catin le flate tendrement,
Le manant tousse fiérement ;
Si l'une presse, l'autre chante ;
Que faire en telle extrémité ?
Catin n'avoit point d'Atalante
Les pieds, ni la légéreté :
Puis c'étoit au cœur de l'Eté,
Peut-être dans la canicule ;
Colas gardoit son quant-à-moi,

Nécessité n'a point de loi.
Enfin la Belle capitule :
Arrêté fut qu'à chaque pet,
Que feroit messire baudet,
Maître Colas & la Bergére
Feroient un tour sur la fougére ;
Le tout pour le soulagement
Et le repos de la monture ;
Que toutefois griffe, ni dent,
Façon aucune, aucun murmure
Ne seroient admis nullement,
Sinon à pied & promptement.
Le Traité fait, la Belle monte ;
Le drôle aussi-tôt du talon
Frappe le flanc de son grison ;
Maître baudet pete & sans honte,
Il savoit par cœur sa leçon.
A cette espéce d'exercice
Jadis l'avoit dressé Colas,
Pour certaine Dame Thomas.
Martin ayant fait son office,
Colas descend, point de quartier ;
Elle eût beau cent fois le prier,
Il l'emporte, il suë, il travaille,
Et d'une sanglante bataille

Revint tout couvert de laurier.
Tous deux remontent : la Fillette
Rajuſte & mouchoir & cornette.
Bientôt après le Villageois
Tournant vers elle le minois,
Fut ſurpris de la voir plus belle ;
C'étoit l'effet d'un incarnat
Qu'elle avoit aquis au combat.
Tout auſſi-tôt ardeur nouvelle,
Coups dans les flancs & nouveau ſon,
Pour deſcendre moins de façon.
A la troiſiéme pétarade
Catin vous fait une gambade,
Tire Colas par ſes habits,
Lui montrant un prochain taillis.
Ce Bois lui donna l'eſtrapade,
Il en revint pâle & défait,
Et jurant contre le baudet.
Il n'étoit au but : la Fillette
Avoit découvert ſon ſecret :
Elle talonne, l'ânon pete ;
Lors, dit Catin, n'entends-tu pas ?
Quoi, répond l'autre ? l'Aze... écoute :
Si l'Aze pete, dit Colas,
Paiſangué que l'Aze-te-foute.

LA PUCE.

CONTE.

LE hazard ſeul, ſans l'aide du génie,
Eſt quelquefois pere d'inventions;
Tel eſt vanté pour ſes productions,
Qui n'y penſa, peut-être, de ſa vie:
C'eſt ce qu'on voit tous les jours en chimie.
Nature tient tous ſes tréſors ouverts
Aux ignorans auſſi-bien qu'aux experts;
Le tout dépend d'en faire la rencontre;
Sans la chercher ſouvent elle ſe montre.
Nous le voyons par l'exemple d'Agnes,
Qui n'étoit fille à découverte aucune;
Mais qui pourtant un matin en fit une
Que cent Nonains vanteront à jamais.
Voici le fait. Suivante d'une Dame
Etoit Agnes, farouche elle avoit l'ame,
Non par vertu, mais par tempérament,
Ainſi qu'on voit qu'il arrive à la femme,
Lorſque le Ciel la traite durement.
La jeune Agnes paſſoit pour fille ſage,
Elle étoit belle, & n'avoit que quinze ans.

Auprès d'Agnes Laquais du voiſinage
Ne rencontroient que griffes & que dents ;
Jeunes Marquis viſitoient la Maîtreſſe
Pour voir Agnes ; mais ſans diſtinction,
Agnes pour tous implacable, tigreſſe,
Egard n'avoit à la condition.
Amour, pour faire à ſon cœur quelques
brêches,
Avoit contr'elle épuiſé maintes fléches
Sans nul effet : elle portoit un cœur
Bien cuiraſſé ; ſi que dans ſa fureur
Amour jura de venger cet outrage ;
Mais ce courroux tomba ſur ſon auteur,
Agnes tourna tout à ſon avantage.
Dans la ſaiſon de l'aimable Printems,
Un jour, dit-on, de Dimanche ou de Fête,
Du tendre émail, dont Flore orne les
champs,
La jeune Agnes avoit paré ſa tête.
Entre deux monts, formant un ſein de lis,
Etoit placée une roſe naiſſante,
Qui relevoit leur blancheur raviſſante,
Et recevoit un nouveau coloris.
Dans un corſet ſa taille priſonniére
Pouvoit tenir, ſans peine, entre dix doigts.

Sous un jupon d'une étoffe légére
Un bas de lin paroiſſoit quelquefois,
Tiré ſi bien & ſi blanc à la vûë,
Qu'on auroit crû voir une jambe nuë;
Bref dans l'enclos d'un ſoulier fait au tour,
Son petit pied inſpiroit de l'amour.
L'Enfant aîlé, plus eſpiégle qu'un Page,
Comme j'ai dit, lui gardoit une dent.
Voici le tems, dit-il, ça, faiſons rage,
Et dérangeons tout ce vain étalage
Chez cet objet qui m'eſt indifférent.
Auſſi-tôt dit, il change de nature,
Puce devient; d'abord lui ſaute au cou,
Au front, au ſein, à la main, fait le fou,
Laiſſant par-tout une vive piquûre.
Notre Beauté, ſenſible à cet aſſaut,
Cherche la Puce, en veut faire juſtice;
Mais Cupidon eſquive par un ſaut,
Et doucement ſous ſon corſet ſe gliſſe,
Y fait carnage & n'en veut déloger.
Fillettes ſont bons morceaux à gruger,
L'Amour en fait ſouvent ſon ordinaire:
Si comme lui je ſavois me venger,
De par ſaint Jean je ferois bonne chére.
Agnes en feu déchire ſon corſet,

Le jette au loin, arrache sa chemise,
Et montre au jour deux montagnes de lait,
Où sur chacune une fraise est assise.
Elle visite & regarde en tous lieux
Où s'est caché l'ennemi qui l'assiége;
Mais il étoit déja loin de ses yeux,
Et lui mordoit une cuisse de neige.
Ce dernier coup accroît ses déplaisirs;
Elle défait sa jupe toute émûë :
Au même instant mille amoureux zéphirs
Vont caresser ce qui s'offre à leur vûë,
Et combattant en foule à ses côtés,
Pour une heureuse & douce préférence,
Sauvent l'Amour d'une prompte vengeance
Qui l'attendoit au sein des voluptés.
A la faveur d'un saut, d'une gambade
Le petit Dieu soutient sa mascarade;
Aux barres jouë & sans cesse fend l'air.
Il vient s'offrir de lui-même à la Belle,
Puis il échape aussi prompt qu'un éclair,
Et fait cent tours d'un vrai Polichinelle.
Pendant ce jeu, vers un jeune taillis,
L'Amour lorgnoit un portail de rubis,
Fief en tous lieux relevant de Cythère,
Mais que la Belle, injuste & téméraire,

Avec chaleur diſputoit à Cypris.
Plus mille fois que la nature humaine,
Les immortels ſont jaloux de leurs droits;
Puis il étoit queſtion d'un domaine
A faire ſeul l'ambition des Rois.
Dans ſon enceinte, aux allarmes fermée,
Regnoient en paix les délices des ſens:
Il y couloit une ſource enflammée
De pamoiſons & de raviſſemens.
Contre tels Forts beſoin eſt de courage,
L'Amour en a bonne proviſion:
Il fait l'attaque, il force le paſſage,
Et prend d'aſſaut ce charmant appanage,
Malgré l'effort de la rébellion.
Calmez, Agnes, ce courroux qu'on voit
naître,
Ne craignez rien pour ce charmant ſéjour;
Si le premier l'Amour s'en rend le maître,
C'eſt un tribut qui n'eſt dû qu'à l'Amour.
Vaines raiſons; on court à la vengeance;
Un doigt de roſe, à cet effet armé,
Tient, lui tout ſeul, l'ennemi renfermé,
Et le preſſant, l'attaque à toute outrance;
Cupidon fuit par un étroit ſentier;
On le pourſuit, l'attaque eſt redoublée,

Le doigt vengeur met l'allarme au quartier,
Et la demeure en eſt toute troublée.
Les citoyens de ce ſéjour heureux,
Les doux plaiſirs, les charmantes yvreſſes,
Juſques alors oiſifs & langoureux,
Par ce combat ſortent de leurs moleſſes;
Chacun d'un vol badin & careſſant,
S'empreſſe autour de ſon aimable mere,
Répand ſur elle un charme raviſſant,
Lui fait bientôt oublier ſa colére.
Ce doigt vengeur, au meurtre deſtiné,
Fait ſous ſes coups naître mille délices;
L'Amour lui-même en eſt tout étonné,
Et ſe repent déja de ſes malices;
Il craint de voir ſon trône abandonné,
Et ſes autels privés de ſacrifices.
De ſon Palais enfin la volupté
Sur l'œil d'Agnes pouſſe une ſombre nuë,
Elle ſe pâme, elle tombe éperduë:
L'Amour s'échape & court épouvanté
Remplir Vénus d'une allarme imprévuë.
De ſon extaſe à peine revenuë,
L'aimable enfant recommença ce jeu;
Elle y prit goût, & par elle dans peu
Dans l'Univers la ſcience en fut ſuë;

Mais nuit & jour chez le peuple Nonain,
Il fut en vogue, où cette heureuse histoire
Fut aussi-tôt écrite sur l'airain,
Pour en garder à jamais la mémoire.

JOUISSANCE.

L'Amoureux oiseau du matin
Chantoit sa premiére victoire,
Quand l'Amour m'éveillant soudain,
Offre Doris à ma mémoire.
Au réveil de l'astre du jour,
Entre mes bras, sensible & tendre,
La jeune Doris devoit rendre
Son premier hommage à l'Amour.
Déja chez moi pour cette fête
Sont tous les enfans de Cypris:
Les uns pour couronner sa tête
Préparent des mirthes fleuris;
Ceux-ci des campagnes de Flore
Portent un butin prétieux,
De ses dons qui viennent d'éclorre
Font un autel délicieux;
D'autres de leurs aîles légéres

Provo-

Provoquent les tendres zéphirs ;
Plusieurs attendent le mistére,
Folâtrant avec les plaisirs.
J'animois leur troupe riante,
Quand soudain j'entends un bruit sourd ;
J'ouvre & je vois Doris tremblante,
A pas lens qui suivoit l'Amour.
Ses yeux se troublent à ma vûë,
Sur son front monte la pudeur,
Et l'innocente retenuë
Combat encore dans son cœur.
Sur sa main délicate & tendre
Je me colle amoureusement ;
Elle me suit sans se défendre
Dans mon heureux appartement.
L'air de Paphos qu'on y respire
Excite, enflamme nos désirs :
Doris se trouble, je soupire,
Aussi-tôt volent les plaisirs.
Après mille baisers de flamme
Pris sur sa bouche & sur ses yeux,
Je romps un corset envieux,
Et sur sa gorge je me pâme.
Quels furent vos tendres transports,
Zéphirs ? Vos riantes haleines

Jamais ſur l'émail de nos plaines
N'ont careſſé tant de tréſors.
Cependant le Dieu qui préſide
A ces miſtéres révérés,
D'une fureur ſainte & rapide,
Agite mes ſens égarés.
Rempli du Dieu qui me tranſporte,
J'embraſſe Doris & la porte
Sur l'autel ſacré de l'Amour,
Autel ſimple, mais plein de charmes,
Où le ſang coule ſans allarmes,
Où tout mortel reçoit le jour.
O! toi, dont la flamme m'anime,
Dieu d'Amathonte, dis-je alors,
Tu vois à tes pieds ta victime,
Rends-la docile à mes efforts!
A ces mots la Cour de Cythère
Forme un long applaudiſſement;
J'acheve un pénible miſtére,
Et Doris ſe plaint tendrement.

VERS
A MADAME DE***.

Sur un Paſſage de Pope.

POPE l'Anglois, ce Sage ſi vanté,
Dans ſa Morale au Parnaſſe embélie,
Dit que les biens, les ſeuls biens de la vie,
Sont le repos, l'aiſance & la ſanté.
Il s'eſt trompé. Quoi! dans l'heureux partage
Des dons du Ciel faits à l'humain ſéjour,
Ce triſte Anglois n'a pas compté l'amour?
Qu'il eſt à plaindre! il n'eſt heureux, ni ſage.

LETTRE

De Mademoiselle .... à Monsieur ....

CHer ami, j'ai reçû votre très-petite Lettre; mais toute petite qu'elle est, elle m'a occupée toute la nuit & m'a occasionné un volume de réflexions plus tendres les unes que les autres, & plus difficiles encore à vous exprimer. Que ne puis-je les tirer assez au clair pour en remplir cette lettre! que vous seriez content de moi! je vous désirois de croire encore que votre amour l'emporte sur le mien. Les sentimens que vous m'avez inspiré sont trop vifs pour vous les bien peindre. Que votre pénétration m'interpréte, qu'elle vous montre tel que vous êtes, aimable & charmant & avec toutes les qualités capables d'inspirer le plus tendre attachement, qu'elle vous voie par mes yeux....

J'ai un cœur, mon plus cher, & un cœur qui vous eſt tendrement attaché. Quelque vive que ſoit votre pénétration, quelque eſſor qu'elle prenne, elle ne l'interpretera jamais comme il faut. Helas! je ſouffre, plus que vous de ne pouvoir pas à loiſir vous donner les preuves les plus ſenſibles de mon amour. Que cet aveu mette le ſceau à nos tendres ſentimens, en attendant le moment heureux de les couronner.

Il me ſemble, mon cher petit cœur, que je ne te dis que des mots & que je t'exprime bien mal à quel point je t'aime. Viens donc lire dans mes yeux l'aſſûrance de ton bonheur, s'il eſt vrai que tu le faſſe de ma conquête; viens, tout ce que j'ai de plus cher au monde, viens, le plus aimable & le plus aimé des hommes.

RÉPONSE.

JE n'ai pas lû ta lettre, mon plus cher cœur, je l'ai dévorée, & cela cent fois depuis que je l'ai. Tu n'as rien laiſſé à ma pénétration.... Eh! que pourrois-je ſuppléer aux tendres aveux que tu me fais? Qu'ils ſe ſont inſinués aiſément dans mon ame! Ah! quelle volupté ils y ont répanduë! J'ai preſque eû la préſomption de penſer que j'étois aimé de vous autant que je vous aime: pardonne, ma bonne amie; la différence de toi à moi, que j'ai ſenti à l'inſtant, a corrigé ma préſomption: il n'appartient qu'à toi d'être aimée ſans bornes, & voilà comme je t'aime. A chaque lecture que j'ai faite de ta lettre charmante, je n'ai exiſté que dans une partie où tout moi-même s'eſt concentré. Dieux! quel eſſor mon imagination prenoit dans ces heureux momens! elle anéantiſſoit l'humanité, te réſervoit ſeule, franchiſſoit tous les obſtacles, voloit vers toi; je me précipitois dans tes bras. Là, nos lévres collées enſemble laiſſoient à peine de tems en tems un libre paſſage à nos langues amoureuſes qui cherchoient à s'unir. Combien de fois tes joües appétiſſantes, tes yeux touchans, ton front noble, ouvert, le trône des graces, furent-ils couverts de mes baiſers brûlans? Ils le ſeroient encore; mais combien d'autres beautés plus faites pour l'Amour, quoique moins parlantes, demandoient mon hommage! C'étoit alors que, preſſé par les plus vives ardeurs, je te prenois, avec tranſport, dans mes bras & te portois ſur l'autel où je voulois conſommer le ſacrifice. Là, d'une main, ſecondée par l'Amour & par l'Amour le plus puiſſant, je te dépoüillois de tout ce qui n'étoit point toi-même: le voile diſparoiſſoit.... Quel plus beau ſpectacle ! oh ! que tes yeux brillans l'embélissoient ! je restois immobile ; ma vûë dévoroit toutes tes beautés à la fois, sans pouvoir se fixer sur aucune ; j'admirois . . . surprise de mon extase, tu me rappellois tendrement à moi, tu m'invitois à être heureux ; tes yeux alors rencontroient les miens, ils leur parloient un langage si touchant. . . . Je sortois de mon ravissement, je n'ôtois pas, j'arrachois mes vêtemens superflus, je fondois sur toi . . . ta gorge, ton sein, le parterre limité par le centre de la volupté, le centre de la volupté, les colonnes qu'il couronne, tout étoit en proie à mon amour & l'objet de mes plus tendres caresses. Mes mouvemens précipités changeoient ta situation ; toutes ces beautés disparoissoient pour faire place à d'autres aussi dignes de mon culte ; je les fêtois avec un égal transport. Que tu te prétois amoureusement à toutes les attitudes que ma volupté demandoit de toi ! tes appas les plus cachés n'échapoient point à mes regards lascifs ; eh ! comment y eussent-ils échapés ? Tu me les indiquois, tu m'invitois à les découvrir, tu les offrois toi-même à mes regards & à mes baisers. Quand, pressé par les derniéres fureurs de l'Amour, je les quittois pour m'unir à toi, tu m'y rappellois ; j'y retournois ; mes feux y prenoient encore un nouveau dégré de vivacité : le reméde pressoit, j'y courois. Attends, mon plus cher, me disois-tu, attends, changeons de personnage, ou plûtôt apprends de moi à goûter, comme il faut, les avant-coureurs délectables d'un plaisir qui ne les égale point ; j'obéïssois. Ah ! que tes caresses dévorantes ajoûtoient à ma flamme que je croyois à son terme ! Laisse-moi, te disois-je, je brûle, je n'en puis plus, souffre.... La violence de mes feux me donnoit des forces, je te remettois dans ta premiére posture, je ſaiſiſſois le ſceptre de l'Amour, je le guidois vers ſon centre, les efforts impétueux qu'il faiſoit pour s'y plonger t'arrachoient des ſoupirs & des cris; tu me tenois cependant ſerré entre tes bras, tes jambes croiſées ſur moi; tes ſoupirs changeoient de ton, ma bouche les étouffoit la plûpart, je la collois plus vivement ſur la tienne, je te preſſois avec plus de tranſport, tu me rendois coup pour coup, ſecouſſe pour ſecouſſe, tu pâmois, je reſſentois dans toutes les parties de mon corps un plaiſir, une volupté, un torrent de délices....

Ah!... ah!... ah!... mon plus cher cœur, viens... accours... Oüi, ma plus tendre amie, l'idée ſeule d'un plaiſir que mon imagination m'a fait goûter cent fois, vient de m'en procurer un nouveau. Que ſera-ce, quand je le goûterai en réalité!

FIN.

TABLE

DES MATIÉRES.

TABLE.

TABLE.

Fin de la Table.

www.ingramcontent.com/pod-product-compliance
Lightning Source LLC
LaVergne TN
LVHW020558230826
846091LV00002B/529

* 9 7 8 2 3 2 9 3 4 9 0 5 3 *